JN157841

# メイク・ア・ウィッシュ
# 夢の実現が人生を変えた

大野寿子

KADOKAWA

# プロローグ
# 夢をかなえるために

「Shun has come here to make his wish come true from JAPAN!!」

どこまでも広がる青空のもと、天然芝のフィールドに響く登板を告げるアナウンス。満員の観客たちの歓声が、大きなスタジアムを包み込みます。

「夢をかなえるために海を越えてやってきた！」

日本からやってきた幼い男の子がめざすのは、メジャーリーグのピッチャーマウンド。瞬《しゅん》くんはいまから、始球式をおこなうのです。

「さあ、瞬くん、出番だよ！」

隣に立つ私が背中を押すと、瞬くんは足を踏み出しました。小さな背中に触れた手からも伝わる瞬くんの鼓動。私の胸もまた、瞬くんと同じように音を刻んでいました。離した手のひらにも、汗がびっしょり。見守るのが私の役目なのに、まるで自分の出番がやってきたように心がはやります。

一歩一歩遠ざかっていく、瞬くんの後ろ姿。それは、球場を取り囲むまばゆい光のなかへ溶けていきました。

瞬くんと、瞬くんのお父さん、お母さん、お兄ちゃんにお姉ちゃん、そして瞬くんの夢をかなえるお手伝いをする私の6人がここアメリカにやってきたのは、2日前のことでした。「憧れのメジャーリーガーに会いたい」という瞬くんの夢を実現するために。そして、メジャーリーグからのもうひとつのプレゼント、「メジャーリーグでの始球式」をおこなうために。

しかし、瞬くんは出発前の成田空港から疲れていました。飛行機に搭乗するときもお父さんが瞬くんをおんぶし、機内では風邪薬を飲んでうとうとと眠り続けました。

〝体調、良くないのかな。長旅だけど、大丈夫だろうか……〟

心配だったのは、瞬くんにとってはじめての海外旅行だからではありません。まだ8歳ながら、瞬くんは難病と闘い、つらい治療を乗り越えたばかりだったからです。

そんな私の心配に、さらに追い打ちをかけることが起こりました。サンフランシスコの空港で乗り換える予定だった飛行機にチェックインできず、キャンセル待ちをすることになってしまったのです。

飛行機に乗れない！　焦る私のかたわらにいる瞬くんは、ぐったりと重いまぶたのまま。一刻も早くホテルで休ませなくちゃいけないのに、どうしよう……。

「病気の子どもがいるんです。お願いします、この便に乗せてください！」

チェックインカウンターの前で大声を張り上げている私を見て、言葉をかけてくださったのは、アメリカ人のご夫婦でした。

「子どもの夢をかなえるために、どうしてもこの便に乗らなきゃいけなくて……」

恐る恐る事情を説明すると、おふたりは「もしかして『メイク・ア・ウィッシュ』ですか？」と声を揃えました。

「そうか、『メイク・ア・ウィッシュ』は日本にもあるんですね。まさかそんなこととは……これは大変だ」

ご夫婦はそう言うと、キャンセル待ち番号の順番を譲ってくださったのです。おかげで希望の便に乗れることになった私たち。その瞬間は、ご夫婦と思わず抱き合うぐらいに喜び合いました。

「すてきな夢をかなえてくださいね」

おふたりからあたたかい言葉までもらって、瞬くん一家と私は無事このスタジアムのある街に到着したのです。

始球式の前日、瞬くんの夢の舞台となるスタジアムを訪れました。スタジアムツアーにショッピングのあとは、前から3列目のスペシャルシートで試合を観戦。ファインプレーに歓喜し、歌って踊って野球を楽しむ空気はまさにメジャーリーグならでは。でも、肝心の瞬くんはぼんやりとしたままで、3回あたりからは眠りに落ちてしまいました。

スタジアムまでの車中も寝たまま、食事も小さなお茶碗に入ったチャーハンのみ。ようやくたどり着いた球場なのに、カメラを向けても照れてお母さんの後ろに隠れてしまった——試合を観れば元気になるはずと思っていた私は、不安を隠せずにいました。

明日。明日こそは、きっと……。

ブランケットに身をくるんで眠る瞬くんの姿に、私はそっと祈りをかけました。

そうして迎えた翌日。この日のためにつくられたユニフォームに着替えた瞬くんは、試合前のロッカールームに足を踏み入れました。その場所には、瞬くんが会いたくて会いたくてたまらなかった、憧れのヒーローが待っています。

普段は恥ずかしがりやの瞬くんなのに、このときは目を輝かせて、大好きな選手にいろんなことを質問しました。

選手の大きな手に触れ、顔に触れ、笑いあい、写真を撮り、プレゼントをもらい……。夢の時間はまたたく間に過ぎていきました。

ずっと万全の体調とは言い難かった瞬くん。でも、ロッカールームから出てきた表情は、昨日までとはうって変わって、晴れやかさでいっぱいでした。それもそのはずです。なんといっても、ずっとテレビの前で応援してきた憧れの選手に、たくさんの元気をもらったのだから。

〝もう、大丈夫。瞬くんはもうひとつの夢を、立派にかなえてくれるはず〟

私は安心したものの、今度は緊張という小波が立ちはじめました。

瞬くんの次なる舞台、それはマウンドの上です。


満員の球場に、8月の風にはためく星条旗、流れ出した『The Star Spangled Banner』。国歌斉唱が終わっても、観客たちは座席に腰を落としません。

リハーサルのときには「ねえ、カーブとかスライダーとかいうの……」と、お父さんに相談した瞬くん。お父さんは笑いながら答えました。「ストレートでいいよ」。その言葉のとおり、大きく振り上げた腕からくり出されたのは、まっすぐに、ゆるやかに放物線を描く白い球。

「Good job!」

瞬くんの勇姿に観客は沸き立ち、お母さんは涙を流しながら笑顔で見つめていました。マウンドからグラウンドの隅へ帰ってきた瞬くんがお父さんとお母さんににっこりと笑いかけたとき、私は思いました。「夢の力って、やっぱりすごい!」。だって、甘えん坊ではにかみやさんだった瞬くんは、まるで別人のように堂々と自信に満ちて、ずっとずっと大きく見えたから……。

夢を見ること。そして、かなえること。そこには子どもたちを新しい世界へと誘《いざな》い、羽ばたかせる力があるのです。


みなさんは、子どものころの夢を覚えていますか?

「プロ野球選手になりたい」「NASAに行きたい」「イルカと泳ぎたい」……みんな、いろいろな夢を思い描きながら、大人になっていったことと思います。

しかし、この世界には、幼いころのみなさんと同じように夢を抱きながら、瞬くんのように難病と闘っている子どもたちがたくさんいます。

長い闘病生活のなか、「あれをやりたい」「これをやりたい」と言っても、そのたびに「病気が治ったらね」「元気になったらね」と言われる子どもたち。病気だからどうせなにもできないのだと、夢見ることをあきらめてしまっている子どももいます。単調な闘病生活を送るうち、うれしいことや楽しいことを待ち望んでわくわくどきどきする、そういう気持ちそのものを忘れてしまった子どももいます。そんな難病を抱えた子どもたちひとりひとりに、「君の夢はなんですか？　その夢をかなえるお手伝いをしますよ」と問いかけ、夢の実現をお手伝いする。それが、ボランティア団体『メイク・ア・ウィッシュ』です。

メイク・ア・ウィッシュの活動は、1980年にアメリカ・アリゾナ州で始まりました。アリゾナ州に住む7歳の男の子・クリスくんは、白血病と闘っていました。クリスくんの夢は「おまわりさんになること」。あるとき、その願いを知ったアリゾナ警察は、クリスくんのためにステキな企画を考えました。クリスくんは、世界でいちばん小さな本物のおまわりさんになったのです。その日、クリスくんは警察官の任命式に出席し、特製のパトロールカーに乗って誇らしげに、そして笑顔いっぱいでパトロールや駐車違反の取り締まりといった警察官の職務をこなしました。それから5日後、クリスくんは亡くなりましたが、その死を悼んだ人々は、彼に殉職した警察官としての葬儀をとりおこなったのです。

この話は、多くの人たちの心をとらえました。

「クリスくんのように難病のために夢をかなえられない子どもたちのお手伝いをしよう！」

こうして、メイク・ア・ウィッシュは設立されたのです。

現在、メイク・ア・ウィッシュの活動は、世界40か国に広がり、夢をかなえた子どもたちの数も41万5000人を超えるまでになっています。

そして、この日本でも、92年にメイク・ア・ウィッシュ オブ ジャパンが誕生し、これまで（2017年7月末現在）に2875人の子どもの夢をかなえるお手伝いをしてきました。2875人。言葉にすれば一言ですが、そこには2875人のそれぞれの想いがあり、願いがあり、また家族のドラマがありました。そして、なかには小さな奇跡も……。

私は、メイク・ア・ウィッシュの〝種まきおばさん〟です。子どもたちの夢が芽となり、大きな実をつける木となることを願いながら種をまく。それが、私の仕事です。

とびきりの笑顔と、とびきりの物語。

――私が出会った子どもたちのお話をしたいと思います。

# メイク・ア・ウィッシュ
# 夢の実現が人生を変えた

目次

装画＝いだりえ
装丁＝川名 潤

# メイク・ア・ウィッシュ
# との出会い

「難病の子どもの夢をかなえるボランティア団体がある」
その話を聞いたとき、私の身体はゾクゾクしました。
惹きつけられるまま、がむしゃらに、
気がつけば、私は目の前の新しい扉をノックしていたのです。

メイク・ア・ウィッシュと私の出会いを
お話ししたいと思います。

それは、たわいのない立ち話でした。

「難病の子どもの夢をかなえるボランティア団体があるの」

日曜日、いつも私が通っている浦安教会で何人かの仲間たちとおしゃべりをしていたら、こんな話が飛び出しました。難病の子どもの夢をかなえる……？　どんな話だろう。私は「ねえねえ、それで？」と続きをたずねました。

「難病の子どもたちから夢を聞いてね、その夢をひとりひとりかなえてあげるのよ」

「へぇーっ。そんなボランティアがあるんだ。それ、なんていう名前なの？」

「メイク・ア・ウィッシュ、という団体なのよ」

〝メイク・ア・ウィッシュ……聞いたことないなあ。それに、ひとりひとりの夢をかなえるって、どういうことなんだろう？〟

そのとき、私の頭に浮かんだのはクリスマスの風景でした。

たとえば、クリスマスの日、病院の子どもたちにプレゼントを渡すためにサンタクロースがやってきて、みんなで歌を歌ってお祝いをする。そういうことは、よくある。でも、ひとりひとりの夢をかなえるということは、そのなかにミキちゃんという女の子がいて、ミキちゃんがずーっと願ってきたことをかなえるために、ミキちゃんのイメージどおりのサンタクロースがやってきて、ミキちゃんひとりのためだけに、「ミキちゃん、これが君へのプレゼントだよ」と言うってこと？

……私の頭のなかは、たちまちクエスチョンだらけ。でも、クエスチョンが増えるほど、むくむくと興味も湧いてきました。

「で、メイク・ア・ウィッシュは沖縄にあるんだけど、そこが東京に事務所を移すのに、手伝ってくれる人を探しているんですって」

それを教えてくれた方は、そのボランティア団体の理事を務めているティモシー・ボイルさんという宣教師から話を聞いたのだと言います。

どうやって難病の子どもたちと知り合うの？

どうやって夢をかなえるの？

どんな子どもたちの、どんな夢をかなえてきたの？

もっと詳しく話を聞いてみたいな……。そう思ったときには、もう手が挙がっていました。

「ね、ボイル先生の連絡先、教えて！」

このとき、私にあったのは単純で明快な好奇心。でも、42歳の私にとってこの一言が、新しい世界の扉を開くこととなったのです。

## 一枚の新聞記事

私はすぐに、つくば市にあるボイル先生の自宅を訪ねました。

「これをご覧になってください」

突然、電話をかけてきて、メイク・ア・ウィッシュについて詳しく教えてほしいと自宅までやってきた私に、ボイル先生は大事にスクラップして取っていたアメリカのあるコミュニティペーパーを見せてくれました。

そこには、メイク・ア・ウィッシュ オブ アメリカが「消防士になりたい」という男の子の夢をかなえたという記事が載っていました。

消防士になりたい。そう夢見ていた男の子は入院中でした。そこへ消防車がやってきて、スルスルスルとはしごが空に向かってのびていきました。はしごが止まったのは、ちょうど男の子がいる4階の病室の窓の前。「消防士のユニフォームを持ってきたよ」、そして男の子はプレゼントを受け取った……。

記事を読んで、私はたちまちにゾクゾクしました。

もしも、これと同じことを日本でやったら、「そのとき火事があったらどうするの⁉」「消防士の仕事じゃないだろう」といった批判が上がったり、「病気の子どもはいっぱいいるのに、その子だけ特別なのはどうなんですか」という話になってしまうかもしれない。でも、この町の人たちの反応は「すごいね、その男の子はどんなに喜んだろう」「消防士、えらいよ！　よくやった！」というものだったのです。

〝すごい！　こんな夢のような話が、夢じゃなく現実に起こったんだ。本気でこんなことをできる大人たちがいるんだ！〟

次の瞬間、私は鞄からあらかじめ書いて持ってきていた履歴書を引っぱり出し、ボイル先生に差し出していました。

「お願いします、私をメイク・ア・ウィッシュで働かせてください！」

## やりたいことは、決まっている

離婚をきっかけに、夫の赴任先だったサンフランシスコから4人の息子たちを連れて帰国したのは、私が40歳のときでした。一家5人、その生活を支えるのは自分。大学卒業後すぐに結婚し、以来ずっと専業主婦だった私は、生まれてはじめて外で働き始めました。友人の手助けと息子たちの励ましを得て、なんとか毎日を送ることができるようになったころ……いまの夫との運命の巡りあい。そして、再婚へ。私がメイク・ア・ウィッシュと出会ったのは、5人だった家族が8人に増えようとしていた、そんな時期です。

当時、私は勤めていた友人のブティックを辞めたばかりで、面接を受けた銀行からロビー係の内定をもらっていました。しかし、ボイル先生の話を聞き、記事を読んで、すっかり心はメイク・ア・ウィッシュに奪われてしまったのです。

ただ、ボランティアとしてではなく、有給のスタッフとして携わりたいというのが私の希望でした。お金はたくさんもらえなくていい、ほんのちょっとでいい。すぐに有給にしてほしいなんてわがままも言わない。私はボイル先生にお願いをしました。

なぜ、有給にこだわったのか。それにはいくつか理由がありました。まず、ボランティアではくたびれてしまったとき、自分には甘えが出るだろう。なにより、この活動は本気で取り組まなくちゃ広がっていかないと感じていました。暇だからやるのではなく、自分のエネルギーを注ぎ込んでやりたい。また、私のなかには、メイク・ア・ウィッシュにのめりこんでいくだろうという予感がすでにあったのです。

そのことをボイル先生に話すと、「今度、理事会があるので、そこで話をしてみましょう」と言ってくれました。

しかし、待てど暮らせどボイル先生からは返事がきませんでした。こちらから電話をすると、「うーん……」という微妙な返事。理事会では承認されなかったのだということが、うっすらと私にもわかりました。

一方、内定をもらっていた銀行からは、すぐに返答をくださいという連絡が。これはまいった……私は、再婚を考えていた彼に相談してみることにしました。

「家族のことを考えると、銀行だと4時半に帰れるし、そっちのほうがいいのかなあとも思うんだけど」

すると、彼は私の顔を覗き込みました。

「やりたいことは、決まっているんでしょ？」

そうか、そうだ。私は、もう突っ走るしかないんだ。もう、この気持ちはごまかせないんだ。彼の言葉は、ひるみかけていた私の背中をそっと押してくれました。

私はもう一度、ボイル先生に電話をかけました。

「銀行の内定、断っちゃいました！」

この私の脅し（⁉）に、ボイル先生も降参したのか、「近々、スーザンが沖縄から東京にやってくるので、会ってみますか？」と提案してくれたのでした。

## スーザンという女性

六本木の全日空ホテルのティールームで、私はスーザンと待ち合わせました。はじめて会うスーザンは、穏やかで物腰のやわらかい人。表情や言葉からやさしさがにじんでいて、向かい合うだけで居心地の良さに包み込まれるようでした。

スーザンがメイク・ア・ウィッシュの日本支部を沖縄に設立したのは、１９９２年。かつてアメリカで理学療法士をしていたときに「闘病生活のなかでの夢をもつ子どもの瞳の輝き」に心を打たれた経験から、日本でもメイク・ア・ウィッシュの活動を広めたいと願ったことが始まりだったといいます。

スーザンは、「沖縄の美しい赤瓦の屋根の上にある魔除けのシーサーが男の子の夢をかなえる」という楽しい童話『ふしぎなシーサー』を出版。その印税をすべてメイク・ア・ウィッシュ オブ ジャパン設立の基金にし、「病室の窓から見える遊園地に行きたい」という男の子の夢をかなえました。これが、日本でいちばん最初に夢をかなえた子ども（ウィッシュチャイルド）の誕生となったのです。

たったひとりで活動を始めた、バイタリティにあふれたすてきな女性。私は彼女に、つたない英語で懸命に自己アピールしました。

幸い、私は生まれつき石橋を叩いて渡るどころか、石橋も見ないで走るタイプ。ときには走り着いた先が海だった！ということもあるけれど、ラッキーなことに誰かが浮き輪を投げてくれて、いつも事なきを得て生きてきました。そのためか、どんな場面でも「きっと大丈夫」と信じているところがあり、この日もやはり、「きっと彼女はわかってくれる！」と信じて疑わなかったのです。

そんな私の目を、スーザンはじっと見つめました。

「明日、事務所にいらっしゃい。沖縄から移す東京の新しい事務所に、明日、私も行くから」

スーザンはそう言って微笑むと、私に事務所の地図を書いてくれました。

スーザンがアメリカに戻ることになったため、メイク・ア・ウィッシュ オブ ジャパンの拠点が沖縄から東京に移されることになったと、ボイル先生から聞いていましたが、私にはそれが残念でなりませんでした。スーザンと一緒に仕事をしてみたかった。ほんの少し話をしただけでも、その人柄に私は惹きつけられていたのです。

## おばさん、〝押しかけ職員〟になる

翌日、私はスーザンに言われたとおり、地図を頼りに事務所に向かいました。

ビルの一室にあったその部屋のドアを開けて、私は唖然。そこは、机がひとつと電話が1台。あと、段ボールが6個ほど転がっているだけだったからです。

「そうね、まずは段ボールを片づけてもらおうかな。ビデオもあるから、これを観てメイク・ア・ウィッシュの勉強もしておいて」

スーザンは悠然とした口調で、私にそう言いました。

片づける……何を、どう片づけたらいいのだろう？　しかも段ボールに入っている資料はすべて英語。いくらアメリカに住んでいたことがあるとはいえ、熟達にはほど遠い語学力の私。でも、ようやくつかんだチャンスです。私はまず、資料を読み、どう整理すればいいかを考えることから始めました。

とにかく私は事務所に毎日通いました。来る日も来る日も押しかけ女房のように通いつめる私の姿に、ときどきやってくる理事会の人は「また来てるよ……」とあきれ顔です。そのうち、理事会も「このおばさん毎日来ちゃうし、元気そうだし、認めてあげようか」という雰囲気になりました。そして、私は無事、スタッフとして雇ってもらえることになったのです。

子どもの夢をかなえたい、でもそのためには、子どもや家族からの申し込みと、資金の調達、そしてボランティアさんの手助けが必要。すなわち、メイク・ア・ウィッシュの活動をより多くの人たちに知ってもらわなくてはなりません。

まずは、アメリカ本部の資料をもとに、パンフレットの制作に加わりました。それと並行して、ボランティアのトレーニングをするための資料づくりなども進めることに。

ひとつひとつのことをしっかり固めていくということが不得意な私は、しかし、ブルドーザー式にたくさんのことを一度にやることは得意でした。自慢できることではありませんが、アバウトで大雑把。だからこそ、この時期を乗り切ることができたのかもしれません。

## 間に合わなかった夢

スーザンがアメリカに帰国したのは、6月。それからしばらくして、パンフレットができあがりました。コンセプトは、『夢の1日プレゼント』。これを持って、あるときは理事長の八木昌実さんと一緒に、あるときはひとりで、企業や病院といったあらゆる場所へ足を運びました。

その日、私は国立がんセンターにいました。小児科部長の大平睦郎先生に、メイク・ア・ウィッシュの説明を聞いてもらったのです。

ひとしきり私が話したあと、大平先生はとても残念そうに、こう呟きました。

「2週間、遅かったね」

ちょうど2週間前に、がんの治療のために高知から東京のこの病院に来ていた子が亡くなったんですよ、と先生は言いました。「その子は兄弟に会いたい、兄弟に会いたいと言って亡くなったんです」

この言葉は、私を強く揺さぶりました。

病気と闘っていたその子も、高知で帰りを待っていた兄弟も、どんなに会いたいと互いに願ったことだろう。そして厳しい治療に耐えてきた、その子の最期の望みをかなえられなかった理由。それはおそらく家族の経済力だと思いました。

4人の息子をひとりで養っていたころ、私は冬のコートを息子たちに買ってやることができませんでした。まわりの子どもたちはピーコートやダッフルコートを着て登校しているのに、私はそれをしてやれない。「うちは貧乏だからねえ」とへらへら笑い飛ばしながらも、親としてつらく、みじめなことでした。

大事な子どもを亡くす。それだけでも身を切られるように親はつらいのに、最期の最期に「兄弟に会いたい」という望みを、もしもお金がないという理由でかなえてやれなかったとしたら、どんなに親は情けなくて、みじめで、つらかっただろうか。天国へ見送っても、なお重たい十字架を背負い込むことになるのではないだろうかと思うと、胸がぎゅうっと締め付けられました。

もし、この家族が1か月前にメイク・ア・ウィッシュのことを知っていたなら……。

メイクなんとかってところのおばさんが飛行機のチケットを送ってきて、みんなでお兄ちゃんの病院へ行ったんだよね。お兄ちゃんびっくりして、ベッドから飛び起きて、みんなでテレビゲームをしたんだよね。それで、UNOをして、それからいっぱいいっぱい、夜中までおしゃべりをしたよね。お兄ちゃん、ご飯はほとんど食べられないって聞いていたけど、あの日はお寿司も食べたし、焼きそばも食べたし、マックのハンバーガーも食べた。おいしいって何度も言ってたっけ。みんなで食べるとおいしいよね、って……。

もし、そんなことがあったら、同じように兄弟を、あるいは子どもを亡くしても、どれだけあたたかな思い出がこの家族に残っただろうか――。

私は拳をかたく握りしめて、強く強く思いました。日本中の子どもたちにこの活動があることを伝えたい。病気の子どもたちに伝えたい。そして、申し込みが来たときにいつでも動けるだけのお金と人の力をもちたい、と。

この日、大平先生から聞いた話が、私にとってメイク・ア・ウィッシュの活動の出発点になったのです。

それから半年が過ぎ、私はハワイの海の上にいました。私にとって、はじめての子どもの夢をかなえるために。

急性リンパ性白血病と闘う8歳の馬場《ばば》俊輔《しゅんすけ》くんの夢は、「野生のイルカと一緒に泳ぎたい」。船に乗り、イルカを探すけれど、なかなかいない。ほとんどあきらめかけていた、そのときです。私たちは三角の背びれが銀色に光る、イルカの大群と遭遇しました。

船の下を泳ぎ回るイルカの群れ。すると、海のなかでキラキラと輝く気泡が、海に飛び込んだ男の子のおなかに当たり、ぽーんとはじけました。青く青くどこまでも続く海で、イルカに囲まれて、繰り返される神秘的な瞬間……。

そこには、気泡のようにキラキラと輝く、男の子の笑顔がありました。

メイク・ア・ウィッシュ オブ ジャパンは、そんな美しい光景から再スタートを切りました。

この瞬間から、私はメイク・ア・ウィッシュの〝種まきおばさん〟になったのです。

チャリティーイベントでスピーチする大野寿子。こうして活動を広めていくのも“種まきおばさん”の仕事。講演会は全国各地で行っている。

# 主人公はいつも君

「うん、わかった」「いやだよ」「もっともっと」「うれしいよ」

声にしなくても、目で言葉を伝えられる。

そんな男の子は、大勢の人たちに囲まれるなか、
憧れのヒーローとともに闘いました。

そう、目の力で。


「ウルトラマングレートと一緒に闘いたい」

という夢をかなえた、河合雄貴《かわいゆうき》くんのお話をしたいと思います。

河合雄貴くんは、メイク・ア・ウィッシュ オブ ジャパンにとって7人目の夢をかなえた子どもです。

雄貴くんの病名は、ウェルドニッヒ・ホフマン病。脊髄の細胞が壊されることで筋肉が萎縮していく、10万人にひとりというめずらしい病気でした。

「ウルトラマングレートと一緒に闘いたいんです」

事務局にいただいたお電話で、お母さんはそう言いました。

雄貴くんは、6歳。ウルトラマンの勇姿を観ながら「僕も一緒に闘ってみたい！」と心を高鳴らせている小さな男の子——そんな姿が思い浮かぶ、すてきな夢だと私は思いました。

しかし、お母さんから雄貴くんの病状を聞いているうちに、すっかり戸惑ってしまいました。

なにしろ、雄貴くんは病気のために身体の筋肉で自由に動かせるのは目だけ。気管を切開して呼吸器をつけている雄貴くんから、声を聞くこともできません。メイク・ア・ウィッシュでは、「本人の夢であることを本人から直接確認しなければならない」というルールがあるのです。いったい雄貴くんからどうやって〝彼自身の夢〟だということを確認できるのだろうか……。

第一、〝闘う〟といったって、どうやって？

「もちろん、目で闘うんです」

お母さんは、こともなげに言います。

目で……？　私は半信半疑ながら、雄貴くんのいる岐阜県の自宅を訪問することにしました。

## 雄貴くんの目

はじめて子どもを訪問するときは、いつもドキドキです。笑ってくれるかな、仲良くなってくれるかな、知らん顔されたらどうしよう。この日も、期待と不安が入りまじったまま、ドアのインターホンを押しました。

「こんにちは！　お邪魔しまーす」

「は〜い！」

お母さんの声が弾んでいる。きっと待っていてくれたんだ。私のテンションはぐっと上がりました。

お母さんに案内され、真っ先に雄貴くんが横になっているベッドに向かいます。

「こんにちは、雄貴くん」

するると、好奇心いっぱいの大きな目が返ってきました。〝目は口ほどにものを言う〟という言葉どおり、雄貴くんの目はとてもおしゃべり。OK、うれしい、賛成、好き、やりたい、いいぞいいぞ……雄貴くんはパチパチとまばたきをして答えます。

雄貴くんのベッドのまわりは、ウルトラマンでいっぱい。ウルトラマンの人形に、ウルトラマンの絵本、ウルトラマンのビデオ、ウルトラマンのオンパレードです。とくに雄貴くんが好きなのは、ウルトラマングレート。オーストラリアで製作された、ウルトラマン・シリーズのなかでも特色ある作品です。

「雄貴くん、グレートの絵本を読もうか？」

手に取った絵本を雄貴くんに見せながらそう言うと、雄貴くんはまばたきをしました。本を読んでいるあいだ、雄貴くんは絵をじっと見つめ、物語に聴き入っているようでした。でも、ウルトラマングレートの絵本を読み終わり、違う本を読もうとすると、雄貴くんは白目をむいてしまいます。あれ？　雄貴くん、どうしたの？

「これが、NOのしるしなんですよ」

雄貴くんの顔を見つめながら、お母さんは教えてくれました。

なるほど。電話でお母さんが話していたことの理由がやっとわかりました。白目をむくのは、NOの意思表現。いやだ、怒ったぞ、嫌いだ、やめてよ……そうやって、目を使って雄貴くんはみんなとおしゃべりするのです。

「よし、じゃあもう一回、グレートの本を読もうね」

パチパチパチパチ。雄貴くんの目が「うん！」と言いました。

この日、私は雄貴くんと一緒に、何度も絵本を読み、何度もビデオを観ました。もちろん、すべてウルトラマングレートの！　なにせやめようとすると雄貴くんが白目をむいて「もっと、もっと！」と抗議するのです。

〝本当にグレートが大好きなんだね。これは、一緒に闘いたいと思うのは当たり前だね〟

こうして「ウルトラマングレートと一緒に闘いたい」という夢の確認を済ませ、私は岐阜の雄貴くん宅をあとにしました。「次に会うときは、ウルトラマングレートと一緒だよ！」と心のなかで約束をして。

## 楽しむことを忘れない

閑静な住宅街が広がる東京・成城。そこに円谷プロダクションはありました。円谷プロの担当の方に、雄貴くんの話を聞いてもらえることになったのです。

私は、雄貴くんがどれほどウルトラマングレートが好きなのかを担当さんに伝えました。

「ウルトラマングレートと会って握手するだけではダメなんです。ぜひ、一緒に闘わせてもらいたいのですが……」

担当さんは、うんうんと頷いてくれました。

「僕たちも、子どもの夢をかなえるという同じ仕事をしています。ぜひ、雄貴くんの夢をかなえましょう」

飛び出したのは、このうれしい返事だけではありません。円谷プロで雄貴くんのためにオリジナルの脚本をつくりましょう、とまで言ってくださったのです。

雄貴くんの夢は、実現に向けて動き出しました。


円谷プロで脚本が練られているあいだ、メイク・ア・ウィッシュの事務局は、雄貴くんのユニフォームづくりの計画を進めていました。ウルトラマングレートと一緒に闘う、そのためには制服がなくちゃ！　そう考えついたのは、アメリカのクリスくんの例があったからです。一日名誉警察官に任命されたクリスくんは、立派なポリスマンの制服に身を包み、胸にはバッジが輝いていたっけ……。雄貴くんにも、ウルトラ隊員の制服を着せてあげたい！

ウルトラマングレートに変身するジャック・シンドー隊員が所属しているのは、国際的軍事組織ＵＭＡ。雄貴くんはＵＭＡ隊員の一員となるのです。さっそく、資料を見よう見まねでＵＭＡ隊員の制服づくりがスタート。座ることができず寝たままの雄貴くんのために着脱はマジックテープでワンタッチという、特製UMA隊員ユニフォームが完成しました。
同時に、夢がかなう日も決定しました。場所は熊本県にある遊園地・三井グリーンランド。岐阜から熊本まで、電車と飛行機でストレッチャーの雄貴くんが移動するための手配が必要です。

ある航空会社に電話をし、事情を説明しているときでした。雄貴くんの名前を伝えると、「あ、河合さんのところの雄貴くんですね」という返事が返ってきたのです。驚く私に、「以前にもご利用くださったことがあったので」と航空会社の方は言いました。

雄貴くんファミリーは、とてもアクティブなご家族でした。雄貴くんを公立の幼稚園に通わせたり、雄貴くんを連れて北海道旅行に出かけたりなど、お父さんとお母さんはいろいろなことにチャレンジされていましたが、ご自宅で雄貴くんの看病をされていたこともまた、大きな挑戦のひとつでした。

雄貴くんのように人工呼吸器をつけていると、管に詰まるたんを取り除いて窒息を防いだりと、24時間体制の看病が必要になります。お風呂に入れることや食事をさせることを考えても、病院で過ごすほうが安全だし、家族にとっても苦労は軽減されるはず。でも、雄貴くんのご両親はあえて自宅療養を選びました。「病院でじっとしているより、家で楽しいことをさせてやりたい」という雄貴くんを思う気持ちからのことです。

当時、呼吸器をつけた患者さんが自宅療養をするケースは、まだまだ数少ない時代。ましてや飛行機や新幹線に乗って旅行をすることなど、気軽にできることではありません。それでもご両親は、同じように病気の子どもを抱える家族やご近所の方々とつながりをもち、積極的に雄貴くんに〝楽しむこと〟を伝えようと懸命でした。雄貴くんの感情豊かな目。そこには、こうしたお父さんとお母さんの努力があったのでしょう。

## 雄貴、君に会うために

脚本が完成し、セッティングも準備OK。ついに雄貴くんの「夢の1日」の始まりです。朝早く、名古屋の小牧空港にはプルデンシャル生命保険岐阜支社のボランティアさんたちが雄貴くんの見送りに集まっていました。飛行機の窓から外を覗くと、ボランティアさんたちが「雄貴くん　行ってらっしゃい」という大きなプラカードを掲げています。そして到着した福岡空港でも、大勢のボランティアさんが待ち構えていました。今度は福岡支社の社員の方々です。その盛大な歓迎に、雄貴くんの目はテンになりました。なんと、空港にウルトラマンがいるではありませんか！　ボランティアさんがウルトラマンに扮し、花束を持って出迎えてくれたのです。

このころ、メイク・ア・ウィッシュには全国的にボランティアさんがいるわけではありませんでしたが、プルデンシャル生命保険の支社にお話をすると、各地でたくさんの人たちが我がことのように喜んで駆けつけてくれました。本職の時間をやりくりして、ボランティアとして、です。メイク・ア・ウィッシュにとって、この〝プルデンシャル・マインド〟と出会えたことは、活動の大きな支えになっていました。

翌日、特製のウルトラ隊員の制服に着替えた雄貴くんは、たくさんの応援団を引き連れて、ウルトラマンの特設ステージへと向かいました。ウルトラマンの柄がついたネクタイを締めたおじさん応援団員や、プレゼントをはにかみながら差し出してくれたお友だち……開園前の三井グリーンランドには、50人近い雄貴くんを見守る人々が大集合です。

緊張の面もちで、その瞬間を待つ雄貴くん。と、ついに！　テーマソングが流れるなか、勇敢なヒーローは目の前に登場しました。

「こんにちは、雄貴くん。君に会うために私はやってきた」

憧れのウルトラマングレートが、雄貴くんに語りかけます。

そこへ、怪獣ゴモラが！　ゴモラはウルトラマングレートに襲いかかります。グレート、がんばれ！　あぁ、エネルギーがなくなっていく……グレート、危うし！

「雄貴くん、君のエネルギーを貸してくれ！」

ピコピコピコピコと胸のカラータイマーを光らせたグレートが雄貴くんに助けを求め、その指に触れます。

〝負けるな、グレート！　僕も一緒に闘うよ！〟

勇ましい雄貴くんの眼差しが、グレートにパワーを送りました。

「ありがとう、雄貴くん。君のおかげで元気になった。一緒に悪い怪獣をやっつけよう！」

再び立ち上がるウルトラマングレート。近づくゴモラに、お母さんが雄貴くんの手を取り、グレートのほうへ向けます。雄貴くんの手から発せられたのは、ウルトラマングレートの必殺技！

「バーニングプラズマ！」

ふたりは、怪獣ゴモラをやっつけたのです。グレートが決めのポーズをつくると、雄貴くんも目で勝利を喜びます。

〝やったね、グレート！　僕たち、一緒に闘ったね！〟

平和を守ったグレートは、雄貴くんに話しかけました。

「今日のことは一生忘れない。雄貴くんも苦しいときには今日のことを思い出して、病気なんかに負けないでほしい」

言葉に答えるように、雄貴くんはじっとグレートを見つめます。

その場にいた誰もが、「雄貴くんはたしかに闘った」と思いました。「すごいよ、雄貴くん」「よく闘ったね」と、応援団員からは大きな拍手と歓声が起こったのです。

あたたかい輪のなかで、雄貴くんは誇らしげにグレートとかたい握手を交わしました。

雄貴くんが人工呼吸器をつけたのは、生後8か月のときです。

幼い雄貴くんの首にそれはうまく合わず、雄貴くんは苦悶の表情を浮かべました。小さな我が子の苦しむ姿に、「こんなにまでしてこの子を生かすことは、果たして本当に幸せなのだろうか」とお母さんは思ったこともあったそうです。


でも、夢がかなったあと、お母さんは言いました。

「生きていてよかった。生きていれば、こんなにうれしいこともあるんだもんね」

私にとって、励みになる一言でした。「こんなにうれしいこともあるんだもんね」——それは同じ重さで共鳴しあえたことの証しのようで、メイク・ア・ウィッシュという活動にまたひとつ、喜びの種が生まれました。

## みんなの心を動かしたもの

「今日はすごかったね」

会場からホテルへ向かうとき、リフトカーを貸してくださったボランティア『青いりんごの会』の阿部るり子さんが声をかけてくれました。

「でもね、いちばんすごいのは雄貴くんだよ。雄貴くんの夢がこれだけ多くの人を動かして、みんなに感動を与えたのだから」

そうか、そうだよね……雄貴くんの姿に、私たちは揺さぶられた。雄貴くんの瞳に、私たちは惹きつけられ、胸が熱くなった。こんなにも多くの人たちに、雄貴くんは感動をくれた。――どんな状態にあっても、心に夢を描く子どもの熱い想いがまわりの人々の心を熱くし、どんどん人を巻き込み大きな渦となり、夢の実現へと向かわせるのです。

〝私たちは〈夢をかなえてあげている〉のではない。夢をかなえたいと願う子どもの心が中心にあって、私たちはそんな夢の〈お手伝い〉であり、〈応援団〉なんだ〟

この日、雄貴くんは、そのことを私に気づかせてくれたのです。

その後、メイク・ア・ウィッシュのパンフレットに、私はこう大きく書きました。

「夢の主人公はいつも君！」

雄貴くんとの出会いは、メイク・ア・ウィッシュに核心を与えてくれたのでした。

夢の主人公、それはステージでウルトラマングレートと一緒に闘った雄貴くんそのもののことなのだから。

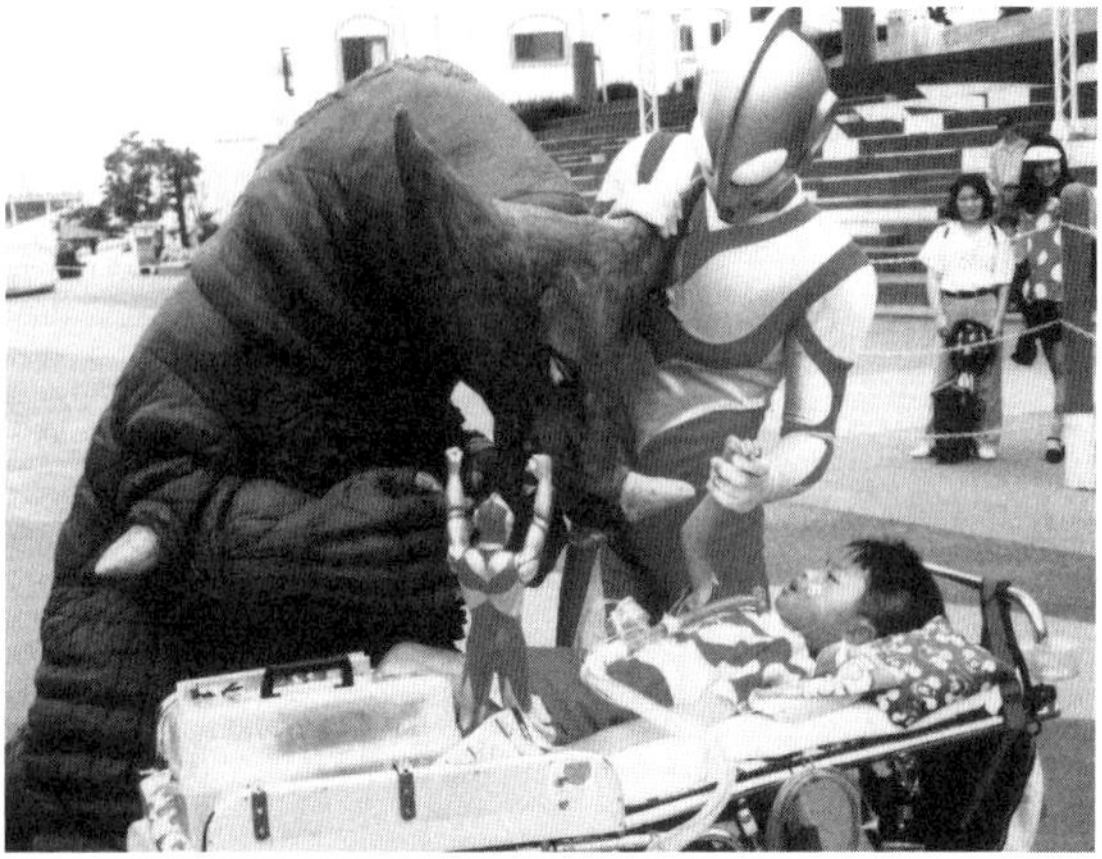

「雄貴くん、一緒に悪い怪獣をやっつけよう！」ウルトラマングレートと一緒に闘う雄貴くん。雄貴くんが自由に動かせる唯一のもの、“目”の力で。©円谷プロ

# 重ねたふたつの手のように

世界に23例しかない病気。
そんな難病と闘う少女の毎日に勇気を与えたのは、
あるミュージシャンの音楽でした。
ふたりのあいだに生まれたもの……
それは、彼女の心のなかで音となり、風となり、
明日を夢見る力になりました。

「X JAPANのhideさんに会いたい」という夢をかなえた、
貴志真由子《きしまゆこ》ちゃんのお話をしたいと思います。

1992年から始まったメイク・ア・ウィッシュの日本での活動は、95年に起こったある出来事をきっかけに、多くの人たちに知ってもらえるようになりました。メイク・ア・ウィッシュにとって9人目となる少女の夢がかなったこと、そこから生まれた少女とあるミュージシャンの交流が、新聞やテレビで大きく報道されたためです。

難病の子どもを勇気づける有名ミュージシャン。たしかに感動的なエピソードではありますが、20年以上を経たいまなお、その反響が絶えることがないのは、感動だけではない〝力〟があったからではないでしょうか。

人のやさしさが、誰かの支えになる。

届けられたやさしさは、誰かの強さとなり、また人を支える。

ふたりの関係は、そんな人間の豊かさを教えてくれました。

少女の名は、貴志真由子ちゃん。ミュージシャンの名は、ｈｉｄｅ。

これは、世界に23例（当時）しかないという難病と闘う女の子の〝強さ〟と、カリスマ的な人気を誇り時代を駆け抜けたロッカーの〝やさしさ〟が結びつき、絆となった、心の化学反応の物語です。

## 願いごとは、ひとつだけ

私が真由子ちゃんに会ったのは、95年の秋のことでした。

当時、真由子ちゃんは14歳で中学3年生。メイク・ア・ウィッシュにいただいた電話で、小学6年生のときに〝GMIガングリオシドーシスⅢ型〟という病名を告げられたこと、いまは骨髄移植手術を来春に控えていることを、お母さんは話してくださいました。

「手術の前に、何か思い出をつくってあげたいんです」

お母さんからの電話から数日後、私は関西支部のボランティアさんとともに和歌山にある貴志家を訪ねました。真由子ちゃん本人から、どんな夢をかなえたいかを聞くためです。

〝GMIガングリオシドーシス……はじめて聞く病名だな。病名からして大変そうだけど、そんな病と闘っている真由子ちゃんは、どんな子なのだろう？〟

ドキドキしながら和歌山へ向かった私を迎えてくれた彼女は、拍子抜けするほど普通の女の子でした。病気のために舌がうまく回らず少したどたどしさはあるけれど、屈託なくおしゃべりをするし、とにかくころころとよく笑う。そして、「どんな夢をかなえたいの？」とたずねると、瞳はさらに明るく輝きました。

「X JAPANのメンバーと一緒に、ディズニーランドに行きたい！」

彼女はそう言うと、自分の部屋へと案内してくれました。

開かれたドアの向こうは、一面、XJAPANの世界。壁という壁にはポスターが貼られ、机の前や棚にはグッズがところ狭しと並べられています。それらはすべてhideさんのもの。天井を仰ぐと、なんとそこにも派手なメイクと衣装の彼が！　クラクラと目眩《めまい》を覚えながらも、真由子ちゃんはXJAPANのなかでもhideさんが大好きなのだということが理解できました。

芸能人に詳しいとはいえない私がXJAPANのメンバーについて知っていたのは、4番目の息子が彼らのファンだったからです。家にも同じようなポスターが貼ってあって、内心〝なんだ⁉　この奇抜な人たちは……〟と思っていました。

「実はおばさん、ちょっと良さがわからないんだよね」

そんな私の失礼な言葉にも、真由子ちゃんは「そっか、そっか」と頬をゆるませました。

〝この子は、本当にhideさんのことが好きなんだなあ〟

その想いはよく伝わったけれど、さすがにXJAPANのメンバー全員とディズニーランドに行くのは難しいだろうという予想も立ちました。彼らがいかに人気があり、コンサートのチケットを取るのですら至難の業であることも、やはり息子から聞かされていたからです。

「ねえ、もしXJAPANのメンバーとディズニーランドに行けても、大騒動になってしまうかもしれないよね？　正直に言うと、かなえるのは難しいかもしれない」

それなら、と真由子ちゃんが口にした2番目の夢は、「ｈｉｄｅさんに会いたい！」でした。

「3番目は？」

「ｈｉｄｅさんに目の前で歌ってほしい！」

メイク・ア・ウィッシュでは、かなえたい夢を3番目まで聞くのが通例。でも、これではｈｉｄｅさんがダメだった場合、なにもかなえられません。私は4番目の夢をたずねました。

「ｈｉｄｅさんに髪を切ってほしい！」

この会話は結局、9番目まで続きました。だって、出てきたのはすべて「ｈｉｄｅさんと……」という具合だったから。こんなことは、後にも先にもこのときだけです。

「わかった！　とにかくｈｉｄｅさんじゃなきゃダメなのね」

音を上げた私に、真由子ちゃんは「そう！」と返事して、再び笑みを浮かべました。

## 成功率わずか30％の手術

「わかった！」と言ったものの、私には芸能界とのコネクションはありません。芸能事務所の連絡先が一覧表となっている本は書店にありますが、当時はそんなことすら知りませんでした。唯一、手元にあるのはＸＪＡＰＡＮのＣＤだけ。そこで、まずはレコード会社に電話をかけ、所属事務所の連絡先を教えてもらいました。そして、事務所宛てに手紙を書くことにしたのです。

ペンを握りしめて、ゆっくりと深呼吸をしました。

〝真由子ちゃんの想いを、しっかり伝えなくちゃ……〟

そのとき、私はお母さんと病院の先生の言葉を思い返していました。

「真由子ちゃんの病気は、世界で23例しかないんです。確認されたなかでは最年少の患者になります」

真由子ちゃんとの対面を終えたあとに赴いた病院で、主治医の田中先生はこう言いました。

ＧＭＩガングリオシドーシスⅢ型は、ＧＭＩガングリオシドという物質を分解する酵素が欠けているため、この物質が脳にたまり、運動機能が衰え、やがては寝たきりになるという進行性の病気。しかも、現在の医学では治療法が見つかっていません。

――習っていた少林寺拳法は初段。毎日を元気に過ごしてきたはずの我が子が、世界で23例という病に侵されている。そんなむごい現実を知らされたご両親は、言葉もなかったことでしょう。

真由子ちゃんに、その病気のことは伏せられていました。

「でも、真由子は『自分の病気は自分で知っていたい』『病気と闘うのは自分自身だ』と私たちに何度も訴えたんです」

お母さんは、続けて言いました。

「骨髄移植を受けることにしたのも、真由子の意志です。『このまま寝たきりになるのを待っているだけなんてイヤ』って……」

先生によると、GMIガングリオシドを分解する酵素は白血球に含まれており、骨髄移植によって病状は多少、好転するかもしれない。でも、骨髄移植の成功率はわずか30％。この数字は「70％は失敗する」ということも意味しています。それを承知のうえで、真由子ちゃんは手術を希望したのだというのです。

理科室のように整然とした病院の一室で、私は過酷な病気と闘おうと決心した真由子ちゃんと、ご両親の気丈さにうたれました。

一日でも長く生きてほしいと願うにも、手術に踏み切るには低すぎる可能性。お父さんとお母さんの葛藤は計りしれません。それでも決断したのは、自分らしく生きたいという真由子ちゃんの想いを受け止め、認めているからこそでしょう。

閉じたまぶたを開き、私は便箋に視線を戻しました。

真由子ちゃんと、家族みんなの気持ち。これを伝えなくちゃ。

そうして綿々と書きあげた手紙を持って、私はｈｉｄｅさんの所属する事務所へ直訴に行きました。

インターホンを鳴らす指が、かすかに震えました。

相手は超人気のミュージシャン。果たして、わかってもらえるだろうか。真由子ちゃんの願いは、伝わるだろうか……。

が、出てきたスタッフの人は不思議そうに私の顔を見ます。

「ここはＹＯＳＨＩＫＩの事務所で、ｈｉｄｅの事務所とは違うんですよ」

緊張してガチガチだった私は、思わずへたりこんでしまいそうでした。教えてもらったｈｉｄｅさんの事務所は、幸いにも目と鼻の先。意を決して、今度こそ正真正銘の直訴へと向かったのです。

**「ｈｉｄｅは、そういう男です」**

ようやくたどり着いた、ｈｉｄｅさんの事務所。いきなり飛び込みでやってきたのですから、門前払いされてもおかしくはありません。しかし、「お話を伺いましょう」と親切に対応してくれる人がいました。その方は、ｈｉｄｅさんのマネージャーさん。たまたま運良く事務所にいらっしゃったのです。

マネージャーさんは、私が書いた手紙と、預かってきたご両親からのお手紙をじっくりと読み、私の話にも丁寧に相槌を打ってくれます。

一通りの説明が終わり、マネージャーさんが手紙から顔を上げました。

「ｈｉｄｅはやると思いますよ」

「えっ？　本当ですか⁉」

「いまはロサンゼルスにいるのですぐに返事はできませんが、話せば間違いなく会うと思います」

こんなにトントン拍子に進むなんて！　私は信じられない気持ちで、その返事を聞いていました。メイク・ア・ウィッシュは世界的規模で活動しているけれど、日本ではまだまだ無名の団体。そんな私たちの突然すぎるお願いを、こうもすんなりと受け入れてもらえるとは……。

「ｈｉｄｅは、そういう男です」

このときのマネージャーさんの断言を、私はその後、何度も思い出すことになります。

〝そういう男〟というのがどのような意味だったのか、いろいろな局面で痛感することになったのです。

事務所を訪問してから数日後、マネージャーさんから正式に承諾の連絡をいただきました。

「真由子ちゃん、hideさんが会ってくれるって！」

和歌山の真由子ちゃんに電話で報告すると、飛び跳ねるような声が返ってきました。

こうして、真由子ちゃんの夢をかなえる日は、XJAPANの恒例イベント・年末の東京ドーム公演のあとに決まったのです。

## おばさん、大失敗

95年12月31日、大晦日。真由子ちゃんとhideさんが対面する日がやってきました。しかしこの日、私はとんでもない失敗をしてしまいます。

大晦日の数日前、hideさんのマネージャーさんから電話がかかってきました。なんでもhideさんが、対面の当日、どうしても真由子ちゃんにプレゼントしたいギターがあると言うのです。そのギターは、日本に1本しかない貴重なもの。でも、それがあるのは大阪の楽器店で、hideさん側は取りに行くことができない。代わりに取りに行ってもらえないか、とのことでした。

ｈｉｄｅさんからギターのプレゼントなんて、きっと真由子ちゃんも喜ぶに違いない！

私はマネージャーさんからの依頼を引き受けました。そして、大阪のボランティアさんに相談すると、年末は横浜に帰省するというので、新横浜駅まで届けてもらえることになったのです。

ボランティアさんとの待ち合わせは、新横浜駅に13時。ギターは17時ごろまでに東京ドームの楽屋へ届ける約束だから……余裕だな。

そんなふうに綽々《しゃくしゃく》とした気持ちで東京駅に向かったのですが、ホームに鳴り響くベルの音に焦った私は、とっさに新幹線に飛び乗りました。

よかった、間に合った……。

そう安心したのもつかの間、流れるアナウンスに冷たい汗がじわりと噴き出しました。

「次は名古屋に停車します」

焦った私は、乗るべき新幹線を間違ってしまったのです。いまのように携帯電話は普及しておらず、頼りは新幹線車内の公衆電話のみ。しかし、何回ダイヤルしても、新横浜駅に電話が通じない！　無情にも通り過ぎる新横浜のホームの風景に、「お願い、ここで止めてー！」と心で叫んだことは言うまでもありません。

幸いにもそのころ、2番目の息子が横浜に下宿していて、なんとか彼に連絡がついたためことなきを得ましたが、名古屋駅からＵターンし、新横浜のホームにあらわれた私に、ギターを抱えた息子はあきれた口調でこう言いました。

「よく、これで仕事ができているね」

息子の言うとおりでした。でも、反省している時間もありません。私は平身低頭して詫び、急いで東京ドームへ向かいました。

人であふれる大晦日の駅のホームを血相を変えて走り去る、ギターを抱えたおばさん。いま思えば、きっと不思議な風景だったことでしょう。

## 夢へのカウントダウン

無事に楽屋までギターを届け、待ち合わせのドーム前にたどり着くと、真由子ちゃん一家はすでに到着していました。が、真由子ちゃんは秋に和歌山で会ったときとは、まったく印象が違う。大きな帽子も、そこから伸びるつけ毛も、セーターも、ハッとするほど鮮やかな赤。それがコートの深い黒とコントラストになって、とても目を引きます。まるで別人のような装いです。

そして、大事そうに手に持った紙袋からは、きれいにラッピングされたプレゼントがのぞいていました。真由子ちゃんがｈｉｄｅさんに渡すためにマフラーを編んでいるということは、お母さんとの電話で聞いていました。〝この包みのなかには、きっとそれが折りたたまれて入っているのだろうな〟。そう思うと、私まで胸が高鳴りはじめました。

真由子ちゃん一家の席は、スタンド席の後ろから数列目。私とボランティアさんはスタッフとして入場しているので、少し離れた場所で開演を待ちました。

やがてゆっくりと落ちはじめた照明。流れ出す、まるでクラシックの旋律のようなメロディ。暗闇を照らし、まぶしく光るライト……。と、次の瞬間には会場を揺さぶらんばかりに鳴り響く激しいギターとドラムの音！　ついにコンサートのスタートです。

コンサートの途中、私はスタッフの方に言われたとおり、真由子ちゃんたちと一緒にアリーナ席へ移動しました。終演後、すぐに控え室に伺うのにより近い場所でスタンバイするためです。

身体を使うと痛みと疲労がともなうため、学校に通うにも車での送り迎えが必要なほどなのに、まるでそんなことも忘れたように腕を交差させ〝Xジャンプ〟を繰り返す真由子ちゃん。熱気に溶け込み、リズムに合わせ身体を動かすその姿を見ていると、私はうれしくてたまらなくなりました。好きなものの前で、人は無心になれる。喜びだけに忠実に、イヤなことも苦しいこともそのときは忘れられる。――うれしさあまって、私も真由子ちゃんと一緒に〝Xジャンプ〟です。

すると、アンコールが始まろうとする寸前に、コンサートスタッフが私たちのいる場所にやってきました。終演後は出口に観客が押し寄せて危ないので、いまから控え室まで来てください、と言います。

アンコールが始まり、会場を覆う大きな歓声。それは、夢がかなう瞬間へのカウントダウンのようでした。

## 手に手を重ねて

通された控え室は6畳ほどの小さな会議室といった雰囲気で、真由子ちゃんはテーブルの中央に座り、ｈｉｄｅさんの到着を待ちました。

突然、その扉は開きました。

「どうだった？」

部屋へ入るなり、ｈｉｄｅさんは軽やかに右手を真由子ちゃんに差し出しました。

「うれしかった！」

頬を赤らめながら、返事する真由子ちゃん。

「おっちゃん、終わったばっかりだから、まだ指が震えてる」

やわらかく、しなやかに話しかけるｈｉｄｅさん。ステージのままのメイクと衣装で発せられる「おっちゃん」という似合わない言葉には、彼のはにかみが隠されているような気がしました。

このとき、控え室では取材のためのテレビカメラが数台回っていたにもかかわらず、ｈｉｄｅさんは気にすることもなく、真由子ちゃんだけを見つめていました。一方、見つめられる真由子ちゃんは、緊張の頂点。それをほぐすように、「一緒にゲームをやろうと思っていたけれど、こんなに人がいるんじゃやできないね」とｈｉｄｅさんは笑いかけます。

真由子ちゃんは、大事に抱え持ってきたあの包みをｈｉｄｅさんに渡しました。

「ありがとう。開けてもいい？」

ｈｉｄｅさんは包みのなかの黒いマフラーを取り出すと、首にくるりと巻き、真由子ちゃんの目を覗きます。

それまで編み物なんて一度もしたことなかったうえに、真由子ちゃんの病状では、手先を動かす細かい作業は相当に困難だったはず。編んではほどき、ほどいては編みながら、ようやく完成させた手づくりのマフラー。それをいま、目の前にいる憧れの人が身につけてくれた。「いいね」と微笑みをたたえながら。

今度はｈｉｄｅさんの番でした。あのギターを取り出し、「これ、プレゼント」と言って、その場でギターにサインと真由子ちゃんの名前を記しました。そして、『紅』のイントロをなめらかな指さばきで弾き、聴かせてくれました。真由子ちゃんにとってその歌は、ＸＪＡＰＡＮに、ｈｉｄｅに魅了されるようになったきっかけの一曲。そんな偶然は、真由子ちゃんに次の言葉を伝える勇気を与えたのかもしれません。

「2月から入院するんで、お手紙を書くので、返事をください」

うまく話すこともままならない真由子ちゃんの声を、hideさんは聞き漏らすまいと顔を近づけ、耳を傾けます。

「うん、ダチだもんな」

小指を絡ませ、ふたりは指切りをしました。


hideさんとお別れをして、私たちは手を叩き、「よかったね」と言い合いながら喜びました。さっきまでのにぎやかさはもうなく、テレビクルーも引き上げたあとの小さな部屋。短い夢の時間は終わった……そう誰もが感じていた、そのときです。再び、扉は開いたのです。

「いまから打ち上げパーティがあるから、一緒に行こう」

hideさんはそう言って、驚く真由子ちゃんの手をとり、歩き出しました。

「じゃあ、行こうか」

5万人もの観客を沸かせていたフロアを突っ切り、ドーム内の打ち上げ会場へ向かうふたりの姿。真由子ちゃんの歩幅に合わせて、ゆっくりと歩くhideさん。重なった、ふたりの手。

打ち上げでは、ｈｉｄｅさんは真由子ちゃんのためにいちばんいい席を用意してくれました。ＸＪＡＰＡＮのメンバーやスタッフたちにも「俺のダチ、真由子です」と紹介してくれました。……打ち上げに誘うにも、わざわざ本人が呼びに来なくてもスタッフに頼めば済むこと。でも、ｈｉｄｅさんはそうはしませんでした。真由子ちゃんが座るための椅子を用意し、飲み物も自ら取ってきて真由子ちゃんに手渡してくれました。

お母さんは対面のあとに、こんなことを言っていました。

「ギターにサインをしてくださったとき、漢字を誰かに訊くこともなく〝真由子〟と書かれたんですよね。そのことが、とってもうれしかった……」

会場の端っこで、たくさんの人々に囲まれ話をしているｈｉｄｅさんと真由子ちゃん一家を眺めていると、私の胸のなかに熱い感情が込み上げてきました。

焦げつくように熱いけれど、あたたかくて、やさしい。

いつかの「そういう男です」という言葉を思い出し、私はひとり、大きく頷いていました。

## 消えることのない絆

95年の大晦日を機に、真由子ちゃん一家とｈｉｄｅさんは親交を深めていきました。

翌年の1月末にはｈｉｄｅさんから約束の手紙が届き、2月と3月には神奈川県の病院に入院した真由子ちゃんのもとに、ｈｉｄｅさんがお見舞いにやってきました。

そして、ついにおこなわれた骨髄移植から3日後のこと。真由子ちゃんは危篤状態に陥りました。せめて最期にｈｉｄｅさんの声を聞かせてあげたい――そう考えたお母さんは、ｈｉｄｅさんの事務所に連絡をします。すると、すぐさまｈｉｄｅさんが病院に駆けつけてくれました。

無菌室の窓越しに、がんばれ、がんばれと励まし続けたｈｉｄｅさん。

「これ、真由子に」とお母さんに預けられたのは、ｈｉｄｅさんがはめていた指輪でした。その指輪が真由子ちゃんに力を与えてくれたのか、真由子ちゃんは奇跡的な生還を果たします。

それからしばらくして、ｈｉｄｅさんは骨髄バンクにドナー登録し、コンサートでも募金を呼びかけるようになりました。骨髄バンクの活動にも積極的に参加されていたことは、ニュースをご覧になってご存じの方も多いでしょう。

97年のＸ ＪＡＰＡＮ解散後は、ソロとして精力的な活動を開始したｈｉｄｅさんでしたが、そんななかでも真由子ちゃんとの交流が途切れることはありませんでした。

ｈｉｄｅさんがこの世を去ったのは、98年5月2日のことです。

朝からメイク・ア・ウィッシュの電話は鳴り続けました。マスコミからの問い合わせもありましたが、ほとんどは「あの女の子はどうしていますか？」「あの女の子は大丈夫ですか？」という、真由子ちゃんのことを心配したｈｉｄｅさんのファンからのものでした。

一時は悲しみに暮れ、泣いてばかりの日々を過ごしたという真由子ちゃん。しかし、その後、真由子ちゃんは『LEMONed CAFE』というお店を家族でオープンしました。ｈｉｄｅさんが立ち上げたレーベル名にちなんだもので、カフェの名物はチーズケーキです。じつは、ｈｉｄｅさんは危篤状態に陥った真由子ちゃんに会いに病院へ駆けつけたとき、指輪とともにメッセージを残していました。そこには、こう書かれていたそうです。

「それからそれからチーズケーキな……チーズになるかと思う位すっごいの喰おうな」

骨髄移植の手術後は、免疫力が低下するため、生ものは厳禁。火が通ったものしか口にできなくなる。それを知っていたｈｉｄｅさんは、〝元気になって、一緒にチーズケーキを食べよう〟と真由子ちゃんを励ましたのです。

愚痴も弱音も吐かず、真正面から病気を見据えて闘う真由子ちゃん。のびのびとにこやかに、自分らしく生きる真由子ちゃん。そんな彼女との出会いにｈｉｄｅさんは心を動かされ、惹かれたのではないでしょうか。

残念ながら、真由子ちゃんは２００９年に28歳でこの世を去りましたが、カフェはご家族によっていまも変わらず続けられています。約束のチーズケーキと大好きな音楽。ｈｉｄｅさんとの大切な記憶が、そこにはたくさん詰まっています。

ｈｉｄｅさんが真由子ちゃんに送った最初の手紙には、こう書かれていたそうです。

「真由子の歩調に合わせて歩いているうちに、Noiseがどんどん聞こえなくなって、昔のこととか、初めての東京ドームのこととか、忘れていた色々な〝絵〟が見えてきて、かなり感動したんだ。真由子のおかげで思い出さなきゃあいけなかったいくつかの事が頭にやきつきました。ありがとうな」

いくつものＣＤブックレットに印刷された、『SPECIAL THANKS mayuko』の文字。真由子ちゃんとｈｉｄｅさんが重ねた想いは、消えることはありません。

そう、あの日のふたつの手のように。

hideさんと真由子ちゃん。「ダチだもんな」——小指を絡ませ、ふたりは指切りをした。この日に生まれたふたりの絆は、いまもこれからも消えることはない。

# 進みゆく病との闘い

「神様、なぜですか？」
難病の子どもと向き合うということ。
その重荷に直面したとき、
私は、ただ、
この問いを繰り返すことしかできませんでした。

「世界でいちばん大きなカブトムシに会いたい」
という夢をかなえた、
土屋《つちや》多《た》香《か》恵《え》ちゃんのお話をしたいと思います。

多香恵ちゃんのお母さんである土屋千恵子さんと再会したのは、２００4年の夏、試写会の会場でした。

『天国の青い蝶』という映画は、末期の脳腫瘍で余命いくばくもない10歳の少年が、中南米の熱帯雨林にしか生息しない幻の蝶・ブルーモルフォに触りたいという夢をかなえる、実話をもとにした物語。公開前にそのあらすじを聞いたとき、真っ先に多香恵ちゃんのことが頭に浮かびました。

「世界でいちばん大きなカブトムシに会いたい！」

そう言ったときの、好奇心いっぱいの多香恵ちゃんの声。その明るい響きがよみがえったとき、同時に、私は私自身のことも思い出していました。夢をかなえるお手伝いができるという喜びに目を奪われ、そこに横たわる暗闇を見据えることができずにいた、あのころの——。

事務局のデスクにあるファイルを手に取り、思い切って多香恵ちゃんのお母さんに電話をしました。

「もしよろしければ、映画をご覧になりませんか？」

千恵子さんは突然の私の誘いに、時を経ても変わらない声で快く応じてくれました。

1996年1月30日。

「ヘラクレスオオカブトムシのこと、知ってる？」

電話で夢の申し込みを受けてから約1週間後のその日、東京にある土屋家を訪ねた私に、多香恵ちゃんは『生きもの図鑑』を見せてくれました。大きくて分厚い図鑑をめくる、8歳の小さな指。カブトムシとクワガタの違いさえよくわからない私に、多香恵ちゃんは写真を指さし、大好きなヘラクレスオオカブトムシについてレクチャーしてくれました。

まず、ヘラクレスオオカブトムシは世界でいちばん大きなカブトムシであること。次に、南米に生息しているということ。

ここまで説明を受けて、私は内心「これは大変だ」と考えていました。果たして脳腫瘍という病を抱えた多香恵ちゃんを南米まで連れて行くことは可能なのだろうか……。しかし、目の前の少女は病気の進行で口がうまく回らなくなりつつあるにもかかわらず、一生懸命にレクチャーを続けます。そう、大好きな虫について語ることがうれしくてたまらない様子で。

「体長は20センチもあるんだよ！」

「2キロもあるお砂糖袋を角を使って運ぶことができるんだよ。すごいでしょ！」

多香恵ちゃんの家族がメイク・ア・ウィッシュに連絡をくれたきっかけは、虎の門病院の脳外科医師であり、多香恵ちゃんの主治医であった土田昌一先生を通じてでした。事前に土田先生から「いろんな夢をもった子なんですよ」と聞いてはいたけれど、いざ対面してみると、小学1年生の女の子の夢とは思えないほど、それはそれはユニークなものばかり。なにしろ、2番目の夢は「宇宙飛行士になりたい」、3番目の夢は「ニューヨークにある恐竜博物館に行きたい」。自分がその年頃だったときには考えもしなかったような夢を思い描く多香恵ちゃんに、私はしきりに「面白い子だなあ」と感心してしまいました。

そんな多香恵ちゃんのいちばん好きなものこそが、〝生きもの〟だったのです。

幼いころからヘビでもクモでもミミズでもイモリでも、手で触るのも抱くのもへいっちゃら。図鑑をよく読み、服も鞄もベッドカバーの絵柄も、虫や魚がお気に入り。そんななかで、ある日、お父さんが家に持ち帰ったカブトムシの幼虫を飼育し、羽化させたことから、「ヘラクレスオオカブトムシに会いたい」という夢がふくらみ始めました。

いままで見たことも聞いたこともないような生きものたちの話を聞かせてくれる多香恵ちゃん。その隣で、お母さんは笑いを交じえながら呟きます。

「私はねえ、気持ち悪くて……」

しかし、言葉とは裏腹にその表情からは、多香恵ちゃんの夢を面白いと感じ、あたたかく見つめている気持ちが伝わってきました。もちろん、それはお母さんだけのものではありません。休日になれば、お父さん、お母さん、そして妹の佐智恵ちゃんの4人で揃って出かける場所は、もっぱら博物館。恐竜博物館にいたっては国内にあるほとんどを制覇してしまったというのですから、多香恵ちゃんの多感な好奇心と夢は家族みんなが育んでいることがよくわかりました。

多香恵ちゃんの、そして多香恵ちゃん一家の夢をかなえるお手伝いができることの幸せ。私はわくわくする心を抱えながら、土屋家をあとにしました。

## カブトムシがいない⁉

しかし、ことはそう単純ではありませんでした。

「ヘラクレスオオカブトムシは南米にいるんだよ」

多香恵ちゃんにそう説明されたときには「これは大変だ」と感じつつも、生来、楽天家である私は、昆虫館をくまなく当たれば日本でもどこかにきっといるだろうと考えていました。ところが、多摩動物公園にある昆虫生態館に電話をしたところ、とんでもない事実を知ることになるのです。

「ヘラクレスオオカブトムシは南米エクアドルなどの密林に生息していますが、日本には1匹もいませんよ。また、日本に生きたまま連れてくることも、植物防疫法に引っかかってしまうので不可能でしょう」

えっー!?　ということは、南米まで行かないと触れないということ？　密林のなかを歩き回らなくちゃ見つからないということ？　そんな野生の場所に、病気の子どもを連れて行くことなんてできないよ……。困った私の様子が電話の向こう側にも伝わったのか、昆虫生態館の職員さんは「標本なら日本にもありますが」と教えてくれました。でも、多香恵ちゃんの夢は「生きたヘラクレスオオカブトムシに触りたい」というもの。お礼を言って電話を切り、次の方法を考えることにしました。

そうだ。日本には持ち込めないけれど、どこかの国の安全な博物館にはいるかもしれない。それなら大丈夫かも。――しばし考えたあと、さっそくアメリカのメイク・ア・ウィッシュ本部に電話をして情報収集を依頼しました。しかし、メイク・ア・ウィッシュ本部からやってくる連絡は、「どの昆虫館に問い合わせても、生きているヘラクレスオオカブトムシを飼育しているところは見あたらない」という報告ばかり……焦る気持ちをよそに、時間ばかりが過ぎていきました。

メイク・ア・ウィッシュ本部から朗報が届いたのは、4月のことでした。ロサンゼルス郊外の小さな田舎町に住む日系3世のジェームス・フジタくんという高校生の男の子が、なんと特別に許可を受けてヘラクレスオオカブトムシを飼育しているというのです。

話によると、ジェームス・フジタくんのお父さんであるデービッド・フジタさんはロスの博物館の職員で、お母さんは生物学者。そういう環境で育ったためか、ジェームス・フジタくんは小さなときから生きものに対する造詣が深く、家では３００種もの生きものを飼育し、高校生でありながら博物館の学芸員の資格も取得。科学雑誌の表紙を飾ったこともあるほどの、地元では知られた昆虫少年とのことでした。きっと彼なら、多香恵ちゃんの夢に共感してくれるはず。そう信じて連絡を取ってみると、彼は夢のお手伝いを引き受けてくれました。ああ、ヘラクレスオオカブトムシが見つかって本当によかった！

そう安堵したのもつかの間、次の瞬間には新たな問題に頭を抱えました。彼の飼育しているヘラクレスオオカブトムシは幼虫で、まだ羽化していない、というのです。

## 不思議な実験

生きているとはいえ、羽化していないのでは、多香恵ちゃんはがっかりするかもしれない。ここは、羽化したらすぐに渡米できるよう準備をしよう。そうして私は、まず多香恵ちゃんがアメリカまで飛行機で行けるかどうかを訊くために、主治医である土田先生のもとを訪ねました。すると、土田先生の口から飛び出したのは、

「エレベーターに乗って実験してみてください」

という意外な一言でした。

「飛行機の気圧に耐えられるかどうかを試すためだとはいえ、まるで冗談みたいな話だなあ……」。そう感じながらも、私たちとお母さんは、多香恵ちゃんを連れて高層ビルが建ち並ぶ霞が関まで〝実験〟に向かいました。

選んだのは、地上36階建ての霞が関ビル。エレベーターに乗り込んだ一行は、上へ下へと何度も往復しました。そのうち、ひとり、またひとりと顔色が曇っていくなか、多香恵ちゃんはなんら調子を崩すことがありません。エレベーターを降りたとき、ぐったりした大人とはまったく正反対に、平然としていたのは多香恵ちゃんだけ。ともかく、ハードルはひとつ越えた。すっかりエレベーターに酔いつつ、私は少し安心しました。

しかし、その報告を聞いた土田先生は「本当にエレベーターに乗ってきたの⁉」と驚いた顔をして見せます。

「え？　冗談だったの、先生！」

そう言うと、「いやいや」と土田先生は手を振って、言葉を続けました。

「エレベーターで耐えられないようなら、とてもじゃないが飛行機になんて乗せることはできないからね」

土田先生の表情には、いまだ不安の影があるように感じられました。

いまなら、その意味がよくわかる。脳腫瘍という病気を抱えた子どもたちをたくさん見てきた、いまなら。そのときの私は、脳腫瘍の進行がいかに早いものなのか、実感としてほとんどわかっていなかったのです。

## 刻一刻と進行する病状

羽化を待っているうちに、季節は5月になりました。多香恵ちゃんは2年生に進級し、これまでどおり学校にも通っていました。しかし、ゴールデンウィークを過ごし、さあ、また学校が始まるぞという朝、多香恵ちゃんはお母さんに「学校には行かない」と言い出しました。学校が大好きだった多香恵ちゃんがそんなことを言ったのは、はじめてのこと。お母さんが理由をたずねると、こう返事したそうです。

「もう行けないの」

多香恵ちゃんは脳腫瘍のなかでも脳幹部腫瘍という、腫瘍を手術で取り除くことも効果的な治療法もない、深刻な病気でした。脳腫瘍を発症していることがわかったのは95年の7月。このころは、診断からまだ1年も経っていなかったのです。

できれば、羽化するまで待ちたい。でも、6月中に渡米しなければ多香恵ちゃんの体調が悪化して飛行機に乗れないかもしれない。それでも、できることなら成虫になったヘラクレスオオカブトムシを触らせてあげたい——。

しかし、土田先生はきっぱりと「もうこれ以上は待てない」と言いました。6月初旬のスケジュールでも、1週間遅れれば昏睡状態に陥る可能性もあるんだ、と。

「いまを逃すと、いくら僕がついていても渡米はできなくなるよ」

その言葉を聞いたとき、私はただただ仰天しました。つい最近まで多香恵ちゃんはいっぱいおしゃべりしていたよ？　長い距離は歩けなくても、お手洗いだってちゃんとひとりで行っていたよ？　なのに……。

脳は人間の根幹の部分。そして、若ければ若いほど、腫瘍の進行は驚くほど早い。今日見えていたものが、1週間後には見えなくなるかもしれない。1週間後には、意識がないかもしれない。土田先生の思いも寄らない言葉に、突然、現実が目の前に立ちあらわれた思いでした。

早く、早く急がなくちゃ。土田先生の一言に背中を押されるように、羽化を待つことはあきらめ、渡米の日程を早急に組み直すことにしました。

## 覚悟

6月7日、出発の前夜。私はお父さんとお母さんに会うため、ボランティアとして動いていた理事の西川智巳さんと一緒に自宅を訪問しました。最後の意思確認のためです。

もしアメリカで医療機関にかかることになった場合、たくさんのお金がいるということ。なにかがあっても私たちは責任を負いかねるということ。そして、なにかが起こっても、本当に大丈夫なのかどうか。

「キャンセルすることも可能ですが……どうしますか？」

「はい。構いません。行きます」

お父さんとお母さんのお返事は、はっきりとしたものでした。

命にかかわる旅になるかもしれない、それでも決断されたことの理由には、もちろん多香恵ちゃんの願いをかなえてあげたいという強い想いがあったのは言うまでもありません。ただそれだけではなく、土田先生が同行してくださるということも大きな後押しになったのだと、私は感じていました。

多香恵ちゃんの病気が脳幹部腫瘍であるとわかったとき、ご両親は抗がん剤治療はせず、放射線による治療だけを選びました。それでも、吐き気や頭痛など、副作用を避けることはできません。なのに、多香恵ちゃんは決して治療がいやだとは言わなかった。あるときお母さんは「この子は自分の病気について、わかってしまったんだ」と感じたそうです。お父さんもまた、物事を理路整然と考えることができるこの子のことだから、入院中の雰囲気からなにかを察しているのではないだろうか、と。

多香恵ちゃんが虎の門病院に転院し、土田先生が担当医になったのは、そのころでした。

「痛いけど、いまこの注射をすると、こういうところがよくなるんだよ」

「こういう検査をするのはイヤ？　イヤなら言っていいよ」

子どもだからといって治療方法を曖昧にはせず、ちゃんと確認をし、ご両親に選択を委ねる。そんな土田先生とご家族の深いかかわりがあり、そのうえで先生が渡米に同行するとおっしゃったことが、夢の実現を可能にしたのでしょう。

ただ、その訪問で気になったのは、お父さんの表情でした。「構いません」、そう返事したあとも、お父さんの顔はかたくこわばっていたのです。それは、翌日の朝、自宅まで迎えに行ったときも出発前の成田空港でも、変わることはありませんでした。

## 緊急事態

6月8日、ついにアメリカへ飛び立つ日がやってきました。多香恵ちゃんは車椅子に乗っていましたが、元気いっぱい。同じようにお母さんもいよいよ夢をかなえに行くという期待にあふれた表情。それだけに緊張した面もちを崩さないお父さんが、とても対照的に映りました。無理もありません。4日間という短い旅とはいえ、いくら主治医の先生が同行するとはいえ、万が一のことを考えてしまうのが親というものでしょう。

実際、最初ははじめての飛行機に妹の佐智恵ちゃんと一緒になってはしゃいでいた多香恵ちゃんでしたが、途中から体調は思わしくなくなってしまいました。ロサンゼルスの空港では、アメリカ在住でロスでの準備を進めてきてくれていた、ボランティアであり私の友人である竹林道代さんが出迎えてくれました。そこで多香恵ちゃんは日本で覚えてきた「アイム　ハングリー」という英語を披露して場を和ませてくれたけれど、それが元気な証拠ではないことは一目瞭然です。

予定ではこの日のうちにジェームスくん一家の住む街まで向かうはずでしたが、土田先生は竹林さんに「空港からいちばん近くにあるホテルの部屋をとってほしい」と指示。予定を変更して、急遽予約をしたホテルに向かいました。

「急いで点滴をして脳圧を下げなくては、アメリカに着いた喜びも、カブトムシに会える喜びも感じられなくなってしまう」

土田先生はそう判断し、ホテルの部屋に入るなり、壁にかかっていた額を取り外しました。打ち付けられた釘を用いてチューブをぶら下げ、ベッドに横たわった多香恵ちゃんの腕に点滴の針を刺しました。

一時はぐったりとし、意識が混濁することもあった多香恵ちゃん。しかし、その日の夜になって、一同がびっくりするほど体調が好転しました。ちょうど、多香恵ちゃんを心配したデービッド・フジタさんが車を飛ばしてホテルにやってきたときから、みるみるうちに元気になったのです。元気のもととなったのは、小枝のような細い虫。デービッドさんが多香恵ちゃんのために持ってきてくれた、ナナフシでした。

ナナフシは、擬態昆虫の一種で、ハサミムシやバッタ、ゴキブリの親戚にあたるそうです。寝たきりだった多香恵ちゃんは身体を起こし、小さな手のひらの上にナナフシをのせます。

「かわいいー」

点滴が効いてきたこともあったのかもしれません。でも、多香恵ちゃんの回復ぶりは、土田先生の想像を超えたものだったそうです。

## カブトムシの待つ家へ

ロスのホテルから車で数時間ほど行ったところに、ジェームスくんの住む街・オックスナードはありました。アメリカに到着して2日目、ついに多香恵ちゃんはジェームスくんの家へ、ヘラクレスオオカブトムシが待つ家へ向かったのです。

家に着くと、デービッド・フジタさん一家は多香恵ちゃんの訪問をあたたかく迎えてくれました。そして、体調を考慮してソファに横になった多香恵ちゃんに、昆虫少年・ジェームスくんはさまざまな生きものを持ってきては見せてくれます。

「ニシキヘビだよ、触る？」

「これはサソリ。こっちはミミズだけど、大きいでしょう？　手にのせてみるかい？」

日本からやってきた大人たちはジェームスくんの自慢のペットたちにひるんでしまい、恐る恐るその光景を眺めていましたが、ジェームスくんの言葉を竹林さんが通訳すると、多香恵ちゃんは「うん、うん」とうれしそうに頷きました。ヘビにやさしく触れれば「冷たくて気持ちいいー」と喜び、それにあわせるようにヘビもするすると多香恵ちゃんに絡みつきます。手のひらの7倍くらいの大きさはある巨大なカエルをおなかにのせて撫でているときには、いつのまにかカエルが眠ってしまったり……。その指にかかると、どの昆虫も動物も、ぴたっと多香恵ちゃんに寄り添うようになるのでした。

そして、ついに念願だったヘラクレスオオカブトムシを、ジェームスくんが多香恵ちゃんに手渡す瞬間がやってきました。残念ながら、まだ幼虫の状態だったヘラクレスオオカブトムシ。でも、多香恵ちゃんのおなかの上で大きな幼虫は、もそもそと動き始めたのです。歓声をあげる多香恵ちゃん。大好きな生きものに囲まれた宝箱のような部屋のなかで、多香恵ちゃんは生き生きとした、その日いちばんの笑顔を浮かべました。

まるで、こぼれ落ちそうなほどの笑顔を。

まるで、喜びが生命力を呼び起こしたかのような、大きな大きな笑顔を。

## 神様、なぜですか

アメリカから帰国して、次に私が多香恵ちゃんに会ったのは、8月のことでした。帰国してすぐに入院していた多香恵ちゃんが昏睡状態に入ったとお母さんから連絡をもらい、お見舞いに出かけたのです。

個室に入ると、ベッドの横にはお母さんが座っていました。

「ターちゃん、大野さんが来たよ。もう起きる時間だよー？」

お母さんはやさしい声で多香恵ちゃんに呼びかけました。昏睡状態の多香恵ちゃんは、すうすうと眠っているかのようでした。

ふと視線をベッドの脇にやると、そこには透明のケースが。なかには、細い木の枝のようなものが入っています。それはロサンゼルスのホテルまでデービッドさんが持ってきてくれた、ナナフシでした。

「本当はまずいんだろうけれど、プレゼントしてくれたので持って帰ってきちゃったんです」

いたずらな目をしながら、お母さんはやわらかく笑いました。

その後、病室で私たちがどんな会話を交わしたのか、よくは覚えていません。ただ、それは静穏な時間でした。

8月の午後、そこには静かに静かに眠る多香恵ちゃんがいました。

事務局でその電話を受けたのは、9月11日でした。

――多香恵が亡くなりました。

お母さんからの電話を切り、私は呆然としました。最後に会った病室で、意識がなかったとはいえ、血色も良く、ゆっくり休んでいるふうにしか見えなかった多香恵ちゃんが、亡くなった……。

メイク・ア・ウィッシュの活動を始めてから2年あまり。私ははじめて、夢をかなえるお手伝いに最初から参加したウィッシュチャイルドの死に直面したのでした。

理事の西川さんと一緒に、私は多香恵ちゃんのお葬式に参列しました。

泣き崩れるお母さんと、それを支えるお父さんの姿。その様子を見つめていると、子どもをもつ同じ親として、たまらない気持ちがこみ上げてきました。

――「難病」という重荷を負う子どもたちが対象の活動なのだから、死に遭遇することは予想される事態。なのに私は、この瞬間まで、そのことから目をそらしてきたことを思い知りました。幼い子どもの死を現実のものとして突きつけられたとき、私は怯え、狼狽し、途方に暮れることしかできなかったのです。

西川さんと別れて地下鉄に乗った私は、いつのまにか銀座で降りていました。大通りを力なくふらふらと歩きながら、とてもひとりでは帰れない気がして、夫に電話をかけました。

待ち合わせをしたカフェで、いったいどれくらいの時間を過ごしたでしょうか。窓の向こうには、中央通りに続く車のライトの列。その景色をぼんやり眺めながら、ぐるぐるとさまざまなことを考えていました。

この活動は、死んでいく子どもたちの最期の願いをかなえることなのだろうか？　どうしてあんなに幼い子どもが、幼いまま死んでしまうのだろうか？　神様、なぜですか？　そう問いかけても、私には答えはわからない。問いかけたあとに残るのは、失うことの痛みだけ……。

夫は私の隣の席に座り、静かに私の話を聞いていました。夫はいつも多くを語りません。それは私と結婚する以前に、奥さんを交通事故で突然亡くした経験から、大事な人を失うことの喪失感をいまでも胸に忍ばせているからなのでしょう。ただ一言、「そうか……」と呟いたきり、私たちは黙ったままでした。目に溜まったしずくが、テーブルにこぼれ落ちる。そのときは、そうすることしかできませんでした。

それからしばらくのあいだ、考えを整理できないままの日々が続きました。それが、ふと、友人から聞いたある話を思い出したのです。

その方は、あきちゃんという10歳のお嬢さんを白血病で亡くすという経験をおもちでした。いまでは克服することも可能ですが、白血病がほとんど死にいたる病ととらえられていた、そんな時代のことです。あきちゃんのお葬式は教会でおこなわれ、そのときに牧師先生が説教のなかで、こんなお話をされたというのです。

「みなさんは、あきちゃんがわずか10歳で亡くなったということをむごいことだと感じられているかもしれません。いろんな人と出会い、うれしいこと、楽しいことがいっぱい起こるこれからという時期に……と思われるでしょう。

けれども、考えてみてください。みなさんは、公園などで胸像をご覧になったことがありますね。胸像を見たときに、これは足の先までできあがっていないから中途半端な出来損ないだというふうに思いますか？　たとえ足の先までなくても、ひとつの作品であり芸術品だと感じることでしょう。人生は、それと同じなのではないでしょうか。あきちゃんの人生は10年であっても、立派な立派な作品なのです」

私たちは、大事な人を失ったとき、「なぜ……」という問いを繰り返します。私は答えを見つけることができませんでしたが、ただ、この牧師先生の話を思い出し、少しだけ死を見つめることができたような気がしました。

人生には私たちにとって理不尽なことがいっぱいある。でもそこには、キラキラと輝くときが確かに、ある。

多香恵ちゃんの笑顔、あれは……。あれが、そうだったのかもしれない、と。

『天国の青い蝶』を試写会で観たあと、会場のロビーでお母さんとあいさつをしました。

「多香恵の世界、そのままの映画でしたね」

そう言って微笑む千恵子さんのかたわらには、すっかり背の伸びた少女が立っていました。車椅子の多香恵ちゃんの隣で「乗りたい、乗りたい」とせがんでいた妹の佐智恵ちゃんも、もう中学生。あのころ、いろいろと寂しい想いをしただろうサッちゃんも、この日、映画を観に来てくれたのです。

久々の対面の最中、私はアメリカから帰国した日のことを思い出していました。出発前はこわばった様子だったのに、無事に帰国したときにはやさしい表情に戻っていたお父さんの顔。そして、晴れやかなみんなの輪のなかで、にっこりと得意げに笑った、多香恵ちゃんの顔を。

「ヘラクレスオオカブトムシに、触ったんだよ！」

死に直面し、暗闇に絡め取られそうになった私を救ったのは、ほかでもない、あのときの多香恵ちゃんの笑顔なのです。

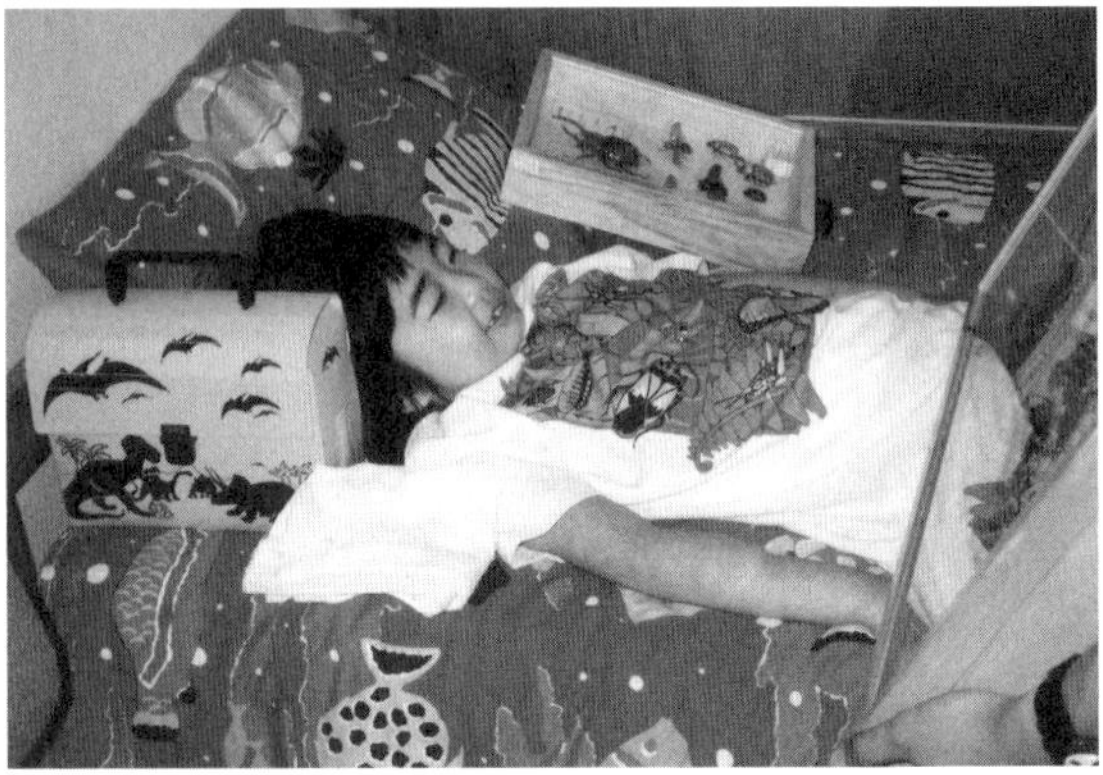

「ニシキヘビだよ」「これはミミズ」「こっちはサソリ」　昆虫少年・ジェームスくんが持ってきてくれる、さまざまな生きものに囲まれ、大喜びの多香恵ちゃん。

# ひとつずつの夢、ひとりずつの願い

メイク・ア・ウィッシュは、子どもの笑顔によって
今日まで活動が続いてきました。
子どもの笑顔から始まって、家族に、
お手伝いをしたボランティアさんに、
その話を聞いた多くの人びとの心をきゅっとひとつに結びながら。
そこにはさまざまな葛藤もありますが、
それでも夢の力を信じ続けて……。

たくさんの子どもたちのこと、
そしてボランティアという活動について、
お話ししたいと思います。

## 夢はゴールじゃない

「よい思い出づくり」、これがアメリカで生まれたメイク・ア・ウィッシュのいちばん大きな目的でした。日本で最初にパンフレットをつくったとき、私はこのアメリカのメッセージをもとにして「夢の1日プレゼント、よい思い出づくり」とコピーをつけました。

ところが、子どもたちと出会うなかで「よい思い出づくり」にとどまらない瞬間がたくさんありました。

ある筋肉の病気と闘う誉範《たかのり》くんは、フェラーリが好きな17歳。とくに大好きな456GTに合わせ、車椅子の色を赤に塗るほど夢中だった彼がかなえたのは、「フェラーリでテストコースを走りたい」という夢でした。

夢の実現に協力してくださった日産自動車のテストコースに、ずらりと並んだ数十台にもおよぶフェラーリ。車を提供してくださったのは、フェラーリのオーナーが集う『フェラーリオーナーズクラブ』の方々でした。車をこよなく愛する〝同志〟に囲まれて、誉範くんは念願だった456GTをはじめ、たくさんの車に乗りコースを走ったのです。

「今日という日は一生忘れない。次の夢は、必ず自分でつかまえる」

そう語った誉範くんはその後、カーデザイナーという夢を抱きつつ、あきらめかけていた大学進学をかなえたのです。

こんなこともありました。

7歳だった冨永《とみなが》太朗《たろう》くんの夢は、「福岡ドームで始球式をしたい」。始球式を終えて、太朗くんは「今度は工藤の球を打ちたい！」と言いました。工藤とは、当時、福岡ダイエーホークス（現・福岡ソフトバンクホークス）で、エースピッチャーとして活躍していた工藤公康選手のことです。その後、お母さんからいただいたお手紙には、こう書かれています。

「大役を無事果たし、戻ってきた太朗が『今度は工藤の球を打ちたい』と言ったときに、これが終わりではなく始まりなんだ。太朗の新たな夢の始まりなんだ‼……と思いました」

「夢って、もっているときが幸せなんじゃないの？」。以前、こう言われたことがありました。ああなったらいいな、こうなったらいいな……そう心のなかで思い描いているときだけがハッピーで、かなってしまったら目標をなくして、それこそ意欲をなくすんじゃないの、と。

でも、夢をかなえたあとの子どもたちを見ていると、不思議なことに気がつきます。ひとまわりもふたまわりも大きく見えるほど、堂々として、誇らしげなのです。それは子どもだけではなく、親も同じように。

きっと親は親で「元気な子に産んでやれなくて申し訳なかった」「もっと早く病気に気づいてあげればよかった」と、どこかで自分を責めている部分があるのでしょう。また、子どもは子どもで「父さんや母さんや兄妹、みんなに迷惑や心配をかけている」と考え、その切なさが自分自身を小さく小さくしているのではないかと思います。

しかし、夢をかなえることは子どもにとって「僕はこんなすてきなことができたよ」「こんなすてきな瞬間を家族やみんなにプレゼントできたんだよ」という自信の芽生えにつながる。その姿に、親もなにかを取り戻す。だから、夢をかなえ終わったあと、堂々と誇らしげになっていく……。

「夢の実現はゴールではなく、新しい夢へのスタートライン」。太朗くんのお母さんのお手紙にあった、この言葉。これはまさにメイク・ア・ウィッシュが伝えたいことなのです。

## たったひとりのために

メイク・ア・ウィッシュがこだわりたいこと。そのひとつに、「ひとりひとりの夢をかなえる」ということがあります。夢はもつ子どもによって、それぞれ違うもの。だから、ひとりひとりの夢をかなえるということは当たり前かもしれません。が、そこには葛藤もありました。

メイク・ア・ウィッシュオブジャパンに寄せられる夢のなかでも「ディズニーランドに行きたい」という夢はとても希望者の多いもののひとつ。ですので、たとえば、1000人の子どもたちがディズニーランドに行きたいという夢を抱いていたとしたら、「ディズニーランドに行きたい人、この指止まれ！」と言って集めたほうが、早いのもたしかなのです。でも、1000人の子どもたちには、1000通りのディズニーランドへの想いがあります。歩くスピードも違えば食べたいものも違う、家族構成も違う。スプラッシュマウンテンに乗りたい子もいれば、お買い物がしたい子がいる、ミッキーと握手をしたい子もいればパレードを見るだけで十分な子もいる。そういう子どもたちひとりひとりの想いに応えていきたい……これは、言うのは簡単ですが、やはり手間も暇もお金もかかります。

それでも、なぜ、ひとりひとりにこだわるのか——。

以前、メイク・ア・ウィッシュに申し込んでくれた、ひとりの高校生の女の子がいました。彼女の夢は、「大好きなロックグループに会いたい」。そのグループはちょうど彼女が住んでいた地方でコンサートをおこなう予定があったのですが、彼女の病気はかなり進行していて、とてもコンサートに行ける容態ではありませんでした。そこで、「ほんの5分でいいから会っていただけないか」と、ロックグループが所属していた事務所の方にお願いすることにしたのです。

返答はこうでした。

「僕たちだって、病気の子どもを励ましたいという気持ちはある。でもね、ひとりひとりなんてやれません。もし、病気の子どもを100人連れてきたら、そのときはなんとか時間をつくりますよ」

それから2日間、私は悩みました。会場を確保して、病気の子どもたちにアナウンスすれば、交流の場をもてるかもしれない……でも……。私が出した答えは「やっぱりできない」でした。どのように100人もの子どもたちを安全に会場まで連れて行き、安全に連れて帰るかと考えたときに、それは到底できそうになかったのです。

私は想像しました。子どもたちで満員の会場、テレビでしか観たことのないアーティストにみんなは興奮してはしゃぐでしょう。ステージの上のアーティストは「みんな病気で大変だけど、負けないでがんばってください」と言って、プレゼントを配ったり、サインをしてくれたり、一緒に写真を撮ってくれたことでしょう。

でも、果たしてそれでいいのか。

子どもたちは厳しい治療の最中にいます。本当に治るのだろうか、もしかしたら死ぬのではないかという恐怖や、闘病生活で友だちからもどんどん離れて、ひとりぼっちになっていくような寂しさ、家族に迷惑をかけていると思う切なさ。重すぎる想いを子どもがひとりで背負い込んで、生きているのです。そんなとき、本当に必要なのは「みんながんばって」という言葉ではなく、目を見てその子の名前を呼ぶ言葉でしょう。たったひとりのために。それが子どもたちを立たせるための力になると思うのです。

2002年の夏に、「読売ジャイアンツの松井秀喜選手に会いたい」という夢が1日だけ空けて、2人かなえられたことがありました。「一緒にしてもらえないかな」と思われてもおかしくない状況でしたが、松井選手はそんなそぶりをまったく見せず、それぞれの子どもとにこやかにやさしく接してくれました。そのとき、ジャイアンツの担当の方が「夢はひとりひとり別々のものですからね」と言ってくれたことは、いまでも印象深く残っています。憧れの気持ちを抱くことや、夢を見ることの想いを大事にしている大人がいること。それは私たちの活動にとって、とてもうれしいことです。

手《て》塚《づか》啓《けい》太《た》くんという小学6年生の男の子の夢の実現も、そうです。

啓太くんとの出会いは偶然のことでした。啓太くんが入院していた静岡の病院に、メイク・ア・ウィッシュのボランティアさんがたまたま別の子どもの用事で訪問し、そろそろ帰ろうかと玄関へ向かっていた、そのとき。啓太くんのお母さんが、ボランティアさんに駆け寄り、「主治医の先生が勧めてくれたのですが、うちの啓太の夢をかなえてもらえないでしょうか?」と声をかけたのです。

啓太くんは大のF1好き。病気と闘う啓太くんの夢をかなえるために、お父さんとお母さんは、ヘリコプターで、F1のマシンが見られる富士スピードウェイまで啓太くんを連れて行こうとしたこともあったと言います。ですが、病院の先生の判断は「啓太くんは外出させられない」。啓太くんの病気は重く、ヘリコプターになど乗せられない、と先生は話したのです。

そうなると、選択肢はひとつ。F1マシンをこの病院まで運んでくるしか手はありません。しかも、啓太くんの体調のことを考えると、できれば明日、いや明後日には、啓太くんとF1マシンを対面させたい。

翌日、さっそくF1マシンをつくり、管理している、自動車メーカーのホンダに電話をしました。でも、こんな急な話に、ホンダの方々は応じてくれるだろうか……。

しかし、ホンダの担当者さんは、すぐさまこう言いました。

「事情はわかりました。それでは明日、静岡の病院まで、F1マシンを運びましょう」

そして、翌日。前年まで実際にレースに参加していたという正真正銘のＦ１の車が、本当に病院の中庭に運び込まれたのです。

啓太くんは身体の痛みがひどく、車椅子やストレッチャーに移る体力もなかったので、ベッドに横たわったまま中庭に出てきました。しかし、そんな啓太くんがＦ１マシンを見た途端、身体を動かし、ベッドの脇に置かれたメガネに手を伸ばしたのです。これまで手もあげられなかった啓太くんが、腕を動かした――。さらに、おしゃべりをすることもままならなかったはずなのに、「すっごい、すげえ」と驚きの声をあげたのです。

啓太くんはベッドのまま、Ｆ１マシンのまわりを何度もぐるりぐるりとまわりました。そして、太くて頑丈なタイヤに触れ、Ｆ１マシンを運んできてくれたホンダの方にいろいろな質問を投げかけます。その様子に、啓太くんのお父さんとお母さん、病院の先生はびっくりしました。啓太くんが、身体を動かし、おしゃべりをして、笑っている。それは、奇跡のような出来事だったのです。

大好きなＦ１マシンが、啓太くんに奇跡を起こした。それは見知らぬ男の子の願いに、即座に決断し行動に移してくれたホンダのみなさんの協力があったからこそのことなのです。

時には、「たったひとりの夢をかなえるために海外に行ったりして、そのお金があるなら、もっとたくさんの子どもの夢がかなえられるんじゃないか」と言われることもあります。

しかし、ひとりの力というのは、とてもとても大きいものです。そもそも、メイク・ア・ウィッシュはたったひとりの男の子の夢をかなえたことから始まって、いまや夢をかなえた子どもの数は世界中に約41万5000人。ということは、そこにかかわったボランティアの数は少なく見積もっても150万人以上。たったひとりの夢が、これほどまでに大勢の人たちを巻き込んでいったのですから。

ひとりの子どもの笑顔。それは時間や空間を越えて、どこまでも無限に広がっていくものなのです。

## 子どもの数だけ夢がある

子どもは、じつにさまざまな夢をもちます。憧れのスターに会いたい、ヒーローと話したい、ドラマに出てみたい、あの遊園地に行きたい……。なかには、「遠山の金さんにお白州で裁きを受けたい」という男の子も。この夢は日光江戸村のスタッフの方々のご協力で、この男の子のためだけに台本をつくっていただき、あたたかい芝居になりました。

「大好きなキャラクターと結婚式を挙げたい」という夢をかなえた女の子もいます。特注でキャラクターの着ぐるみをつくり、ウエディングドレスはボランティアさんのハンドメイド。式場のレストランに集まった50人を超える人びとも留め袖やタキシードといった正装で出席です。そして、実際にテレビでキャラクターの着ぐるみのなかに入っている役者さんと、声をあてている声優さんも、交通費のみの手弁当でやってきてくれました。

小さなころから大好きなキャラクターとの結婚式。女の子の目は終始、大きな着ぐるみの旦那さまに釘づけです。その様子を、ご家族は顔をほころばせて見つめていました。

結婚式を挙げた女の子は、ほかにもいます。こちらのお相手は、大好きなパパ。幼稚園児の正木《まさき》唯《ゆい》ちゃんの初恋は、お父さんだったのです。

会場は、ディズニーランドのホテル。人前結婚式で、司会は私が務めさせていただきました。唯ちゃんの小さな手を引いて歩くお父さんは、まるで王子さまのような白いタキシード姿です。

式の最後にお父さんは、唯ちゃんの病気のことやメイク・ア・ウィッシュに申し込まれた経緯を出席者のみんなにお話しされました。そして、「いままで支えてくれてありがとうございました」とあいさつしたあとに、唯ちゃんに向かってこう伝えたのです。

「お願いがあります。今日はパパと結婚式を挙げたいというあなたの夢をかなえました。今度はパパの夢をかなえてください。あなたが大人になって、本当に結婚式を挙げるのを見たいという、パパの夢をかなえてください」

それは、すてきなすてきな結婚式でした。

## その子の夢、その子だけの夢

子どもの数だけ夢がある。そう痛感させられたもののひとつに、「折り紙の大家に手ほどきを受けたい」という9歳の洋人《ひろと》くんの夢があります。折り紙といえば、鶴や亀、せいぜいパンダかな?と思っていた私は、彼の病室を訪ねて、仰天。なんと、遊園地や列車もつくってしまう腕の持ち主だったのです。しかも、日本のみならず、イタリアの折り紙も熟知しているほどの勉強家。色彩感覚といい、集中力といい、丁寧さといい、「この子は天才なんだ」と私は感嘆するばかりでした。

常日頃、本を読んで尊敬していた創作折り紙の先生に指導をしてほしいという洋人くんの夢をかなえるため、その先生が京都から病院へ駆けつけてくれました。

「この坊やは、たいしたもんや」

そう驚いた先生に、普段はあまりしゃべらない洋人くんは、本を読んでうまくできなかったところを熱心にたずねました。そして、「これからは創作をやってみなさい。本を見てやるんじゃなくて、自分の頭でイメージしてみなさい」という先生の言葉にも、真剣な表情で応えていました。これはまさに、洋人くんならではの夢の実現だったと思います。

その子らしさ。そういう意味では、「工事現場をつくってほしい」という4歳の山崎健《やまざきけん》汰《た》くんの夢も心に残っています。

お母さんからお電話をいただいたのは、3日前に危篤状態と言われたという切迫した状況下。残された時間はないかもしれない——そのようなとき、メイク・ア・ウィッシュでは〝緊急ウィッシュ〟として優先的に夢を実現するため動きます。

健汰くんは工事現場が好きで、病院の近くに工事をしている場所があると、しょっちゅう見に行っていたそうです。そこで思いついたのが、健汰くんがいる病院のなかで見ることができるジオラマ。私たちはすぐにショベルカーやミニカーといったおもちゃを集め、ジオラマづくりに取りかかりました。プロの意見も聞きながら、できることはすべてボランティアで。そうしてできあがったものは、畳1畳ほどの大きさの、手で触って遊べるジオラマです。病院のプレイルームに運ばれた工事現場で、健汰くんは病院のお友だちと一緒に大喜びで遊んでくれました。そう、電話をいただいたときは予断を許さない状態だった健汰くんですが、その後、奇跡的にもち直し、車椅子で移動もできるようになっていたのです。

間に合っただけでなく、こんなに元気になってくれたなんて。ジオラマづくりに参加した総勢22名みんなの心に、健汰くんは感動というお礼をくれました。

また、5歳の藤原聖奈《ふじわらせいな》ちゃんの夢は、「プールに入って泳ぐこと」。聖奈ちゃんは皮膚がなにかと擦れると、それだけで水ぶくれができたり皮膚がただれてしまうという難病を抱えていました。そのため、聖奈ちゃんはプールに入って水遊びをしたことがなかったのです。

病状を踏まえた結果、この夢をかなえることはできませんでした。そして2番目に出してくれた夢も、同じ理由で断念……。聖奈ちゃんには2度も悲しい思いをさせてしまい、スタッフは申し訳ない気持ちでいっぱいでした。

でも、8歳になった聖奈ちゃんは、新しい夢を考えてくれたのです。それは、「自転車に乗って、風を切って走りたい」というもの。ただ、病気のために手足とも指がくっついていた聖奈ちゃんは、ハンドルを握ることはできません。そこで私たちは、東京にある「堀田製作所」という工場に製作を依頼。手足に力を入れなくても運転できる、特製の聖奈ちゃん仕様の自転車をつくってもらうことにしたのです。

そして、ついに完成した世界にたった一台の自転車。聖奈ちゃんは家族のみんなや自転車をつくってくれた堀田さん、メイク・ア・ウィッシュのボランティアさんたちに囲まれ、はじめてペダルをこぎ出しました。

「気持ちいい。風が、気持ちいいなあ」

自転車で風を切る聖奈ちゃん。その笑顔は自信に満ちあふれていました。そして、その輝かしい表情はボランティア全員にとって、とびきりのプレゼントとなったのです。

## 目に見えないものを届けている

夢の申し込みがやってきたとき、「これはいい夢だなあ」としみじみ思ったのは、「お世話になったみんなを連れて温泉に行きたい」。12歳の池田《いけだ》汐里《しおり》ちゃんの夢です。

彼女は親戚のお姉さんから臍帯血《さいたいけつ》の輸血を受けていました。病気をして、いろんな人たちにお世話になった……だから、親戚のお姉さん一家はもちろん、おばあちゃんやおじさんにおばさん、自分の家族みんなを温泉に招待したい。いちばんつらい思いをしているのは本人なのに、こんなふうに思えるなんてと、夢を聞いただけで胸のなかがぽかぽかしました。

みんなで浸かった箱根の温泉。そのとき撮った写真には、たちのぼる湯気のなかで幸せいっぱいの、ファミリーの笑顔がありました。そして、これは後日談ですが、夢がかなったあと、彼女はやたらとケチになったそうです。あまりに一生懸命お金を貯めるので、ご家族はその理由をたずねました。すると、「今度は自分でお金を貯めて、おばあちゃんたちを温泉に連れて行きたいから」。この言葉に、ご家族の心は温泉以上にずっとあたためられたことだろうと思います。

これまでかなえてきた夢には、「家族で旅行に行きたい」というものが多くあります。しかし、あるとき夢をかなえる資金の提供をお願いにうかがった企業で、「旅行なんて、お金を出せば親がいくらでも連れて行けるじゃないですか。お金さえ出せば済むような夢をバックアップするのは、ちょっとねえ」と言われたことがありました。

私はとても驚きました。どうして、この人たちは想像ができないのだろう、と。たとえ貧乏じゃなくても、病気の子どもがいるということは経済的にも不安がたくさんあるのは当然だし、なによりお金を出せば済むという問題じゃないはず。それぞれの家族には事情があるということがわからないのは、なぜなのだろうかと。

たとえば「パソコンがほしい」といった夢に対して、「そんなものは親が買えばいいじゃないか」という批判を受けることが多々ありますが、私たちはパソコン本体だけをプレゼントするのではありません。宅配便のお兄さんが「○△電気からお届けです」ということではないのです。贈り物に限らず、夢をかなえるときは、いかにドラマティックに、いかに子どもの心に残るようにするか――その点に私たちはもっとも頭を使います。「君のことをたくさんの人が応援してるんだよ」。それが、夢をかなえる子どもたちにいちばん感じてほしいことなのです。

## 震える手でつかんだ夢

「君のことをたくさんの人が応援してるんだよ」ということと同じように、病気の子どもたちに感じてほしいことが、もうひとつあります。

それは、「僕が、私が、かなえたんだ」という夢に対する主体性です。

「憧れの人が左薬指にしている2連リングがほしい」という夢をかなえた佐藤綾《さとうあや》ちゃんの話をしましょう。

最初に彼女の夢を聞いたとき、「どうして憧れの人に〝会いたい〟ではないのだろう」と不思議でした。すると、綾ちゃんは「会ったら一瞬だけど、指輪がここにあればずっと一緒にいられる。それに、指輪からエネルギーをもらえる気がするから」。そう話してくれたのです。

私はそこで、「ねえ、よかったら一緒に手紙を書かない？」と提案しました。

「その想いがテレビの向こうの憧れの人に届いたら、もしかしたら、指輪、プレゼントしてくれるかもしれないよ？」

それから数日経って、その綾ちゃんから小包が届きました。なかを開けると、そこには紙粘土でできた手づくりのペンダントが。それは14歳の子がつくったにしては、あまり上手とはいえないペンダント。でも、お母さんが書き添えた手紙を読んで、私は胸がきゅんとなりました。

「震える手で一生懸命つくりました」

手紙には、「手が震えてもう字が書けないので、私が代わりに書きました」とも記されていました。
そのペンダントに込められた気持ちが、きっとその憧れの人の心にも届いたのでしょう。しばらくして、指輪が送られてきたのです。「同じものではありませんが」というメッセージとともに。その憧れの人からシルバーの2連リングが綾ちゃんに贈られたのです。

夢がかなったことを、ただ「ラッキーだった」ととらえると、感動はその場かぎりで終わってしまいます。でも、自分でかなえたということがわかれば、僕にはそれだけの力がある、私はこれからだっていろんなことをやれるんだという自信になる。だから、なるべくある程度の年齢以上の子どもには、「あなたの夢はあなたがかなえるんだよ。あなたがかなえる夢なんだよ。私たちはお手伝いなんだよ」と伝えることにしています。

このことが、章の冒頭に書いた「夢の実現はゴールではなく、新しい夢へのスタートライン」ということへつながっていくのです。

## ボランティアのススメ

もしも、これから先、「ちょっとボランティアやってみようかな」と思ったり、あるいはいまやっていて息が詰まったり、へこんだりしているときに、ぜひ思い出してほしい〝3

つのススメ〟があります。

まず、1つ目は〈三日坊主のススメ〉。ずばり、ボランティアは三日坊主でもいい、という意味です。

ときどき講演会などでお話をすると、「やってみたいです」と言ってくださる方が多いるのですが、「どうぞどうぞ。明日からでもおいでください」と返事をすると、100人のうち95人までが「でも、本当にできるかどうかよく考えてからじゃないと……」。中途半端になるとご迷惑だから」とおっしゃいます。そして、たいていは来ない。これはとてももったいないと私は思います。

ちょっと覗いてみてやめることは、ちっとも恥ずかしいことではありません。始めてはみたけれど仕事や勉強や家のことで忙しくなってやれなくなる。ほかにもっとやりたいことを見つけた。これも、まったく恥ではありません。でも、せっかく熱い想いがあふれたのに、それを時間の経過とともに風化させ、忘れてしまうのはもったいない。チャンスを逃すことはないと思うのです。

2つ目は、〈自己満足のススメ〉。

よく、ボランティアは自己犠牲と言われます。他人のためにがんばった。他人のために一生懸命してあげている。しかし、ありがとうと言ってくれない。私はこんなにこんなに一生懸命なのに……。そう考え始めると、だんだんと青筋が立って、怒りモードになっていきます。そして、「こんなにがんばっているんだよ！」と主張すれば、まわりの人たちはきっと「えらいね。でも、私にはそんなことできないなあ」なんて言って、すーっと引いていきます。〝ボランティア＝自己犠牲〟ととらえていると、なかなかうまくいかないのではないか、というのが私見です。

ボランティアをやっている本人が生き生きとやりがいを感じていれば、「どんなことやってるの？　面白そうだから私もやってみようかな」と、人が集まってくる。そう、だから〝ボランティア＝自己満足〟でいいのではないでしょうか。

メイク・ア・ウィッシュのボランティアも、決してお気楽なことばかりではありません。一生懸命やってきたのに、夢をかなえる途中で子どもが亡くなることもあります。人から理解してもらえないことや、落ち込むこともあります。でも、この活動が世界で37年間も続いてきたのは、それにもまして大きな喜びがあるからです。キラキラと輝きながら、懸命に生きる子どもたちに出会う。そのことが私たちの心に大きな喜びと感謝の気持ちを教えてくれる……だからこそ、続けられるのです。

喜びの感情をもつことを抑え込む必要はありません。大変なこともあるけど、うれしいことや楽しいこともしっかりとカウントしながら、ボランティアをやってみてほしいのです。

そして最後は〈売名行為のススメ〉です。

ボランティアというと、つきものなのが「偽善者」という一言。「良い子ぶって、自分が目立ちたいだけじゃないの？」などと、足を引っ張る人が本当にたくさんいます。でも、そんな言葉には負けないでほしい。なぜなら、良いことは伝えないと広がらないからです。

農業の方法に、泥団子農法というものがあります。荒れ地に種をぱらぱらとまくと、ほとんど発芽しないけれど、泥で団子をこしらえて、そのなかに種を埋め込んで地面にぽとぽとと落としていくと、ぐんと発芽率が高くなるのだそうです。

私たちは、そんな泥団子なのではないでしょうか。どんな地でも芽が出る完璧な人間である必要はありません。おっちょこちょいでも、失敗をしても、泥団子として地面に落ちれば、あっという間に〝私〟は消えます。しかし、伝えたいと思うことがひとつあれば、その種だけはぐーんと芽が伸びてくる可能性がある。そんな泥団子になれたら、それはすてきなことだと思います。

私は66年間生きてきて、わかったことがあります。

「出る杭は打たれる」というけれど、「出過ぎた杭は打ちづらい」。

杭が少しだけ出ていると、それは目障りでガンガンと叩かれてしまうけれど、ガーンと突き出た杭は、もはや誰も滅多なことでは叩きません。やりたいと思うことがあったら、まずは覗いてみる。それから楽しいことをカウントし、その楽しさの理由を自分を使ってまわりの人に伝えていってほしい。
それが、私なりのボランティアのススメです。

## 私にできる、ほんの少しのこと

メイク・ア・ウィッシュの活動では、子どもたちに出会う数だけ、ご家族の方々とも出会います。病気と闘うのは子どもだけではなく、ご家族もまた、ともに闘っています。明るく、前向きに……そうあろうとみなさん必死に努力をされていますが、なかには歯車が噛み合わなくなることもあるのだと、私は知りました。

ある子どもの夢をかなえた日の夜、お父さんがこう呟かれました。

「子どもの病気と向き合わなくちゃいけない。けれど、そのことがつらくて、会社が終わるとお酒を飲んで帰らずにはいられなくなるんです」

このお父さんは、たしかに弱い部分があったのかもしれません。でも、責めることができるでしょうか。たったひとりで子どもとともに闘うこととなったお母さんにとっては、それはつらい日々だったことでしょう。このようなことから、結果として離婚につながるご夫婦がいることも事実です。また、子どもを助けたくて藁にもすがる気持ちが、怪しい宗教や健康食品といったものに走らせる動機になることも。

ご家族の苦しみ。それに寄り添うボランティアにも、葛藤はあります。

残念ながら夢をかなえる前に亡くなってしまった、16歳の女の子がいました。早くかなえなくちゃ……スタッフやボランティアの逸《はや》る心とは裏腹に、なかなか夢をかなえることができずにいた、そんなとき。女の子の病室を訪れるたびに、誰の目から見ても、病気が進行していることがわかったのです。

まだ年齢が若いボランティアさんは、「大丈夫だよ、よくなるよ」と、励ましの言葉を女の子にかけました。しかし、私と同年代のボランティアさんは、病気の進行を自覚しているであろう本人やそばにいるご家族に、その言葉はいったいどんなふうに聞こえただろうかと、苦渋の表情を浮かべて私に話をしました。もちろん、若いボランティアさんがなにも考えていなかったということは、決してないでしょう。それぞれに葛藤があったのだと思います。


夢をかなえたあとに亡くなったお子さんのお母さんが、「大野さんは、子どもが亡くなるということを抱える仕事を、よくやっていられるなあと思う」と話してくれたことがありました。

私はそう言われて、「そうだよね……」と思いました。よく言われることでしたが、お母さんからのこの一言はとても身につまされたのです。

たとえ亡くなっても、あの子は輝いていた、キラキラしていたと、私は良いことをたくさん思い出せる。けれど、それが自分の子どもだったときに、果たして私は「一生懸命生きた」とか「短くても輝いていた」と言えるだろうか……。きっと、「ここにいて、生きてそばにいてほしい」と思うでしょう。

私はペテン師なのかもしれません。どんなに感情移入をしているつもりでも、どんなに涙を流し、悲しくても、どこかで自分の子どもを失ったわけではないという冷たい感情があるのかもしれません。

でも、そのことも認めたうえで、私はこの活動を続けたい。病気と闘う子どもや、そのご家族と同じ痛みは共有できないし、「すべての人に、すべてのこと」はできない。けれど、「誰かにほんの少しずつ」を積み重ねていくことはできる。——それが私に唯一できる精いっぱいだと思うのです。

## 海を越えてつながった〝喜び〟

この章の最後に、磯村愛《いそむらあい》ちゃんという女の子の夢の話をしたいと思います。

小学4年生だった愛ちゃんの夢、それは「アフリカの子どもたちにえんぴつを届けたい」というものでした。

その夢を最初に聞いたとき、私はきょとんとしてしまいました。だって、せっかく夢をかなえられるのに、ちっとも自分は得をしない夢だからです。自分だけではなく、家族や友だちといった、身のまわりの知っている人たちともなにも関係がありません。

なぜ、この夢をかなえたいと思ったのか。愛ちゃんはこう話しました。

「テレビを見たり、パパにお話を聞いて、アフリカの子どもたちは貧しいということがわかったの。それで、えんぴつをあげたいなあって」

貧しくて、勉強をしたくても、えんぴつすら持てない。そんな遠く離れた世界の状況を知って、愛ちゃんはたった一回のメイク・ア・ウィッシュで夢をかなえるチャンスを、アフリカの子どもたちのために使うことにしたのです。

愛ちゃんは、プレゼントするえんぴつを集めるため、お友だちや近所の人たちなどに協力をお願いしました。そうして集まったのは、800本にもおよぶ、色とりどりのえんぴつ。愛ちゃんが集めたえんぴつは、ちょうど「青年海外協力隊」としてアフリカへ赴任していた私の息子に委ねました。

そして、えんぴつと一緒に届けてもらうために、愛ちゃんはアフリカの子どもたちへ手紙を書きました。

はじめまして。
私の名前は愛。10歳の女の子です。
病気をしたけれど、元気に学校に通っています。
私たちみんなで協力して、えんぴつを集めました。
ぜひ、みなさんで使ってください。

その後、愛ちゃんのえんぴつは、アフリカのモザンビークにある学校に届けられました。息子は帰国後、「これを愛ちゃんに渡してほしい」と言いました。それは一枚のDVD。モザンビークの人たちからの、ビデオメッセージでした。
DVDには、学校の先生が愛ちゃんからの手紙を読み上げて、ひとりひとりにえんぴつを手渡す場面が映っていました。モザンビークの子どもたちは、えんぴつのプレゼントに大興奮。たくさんの子どもたちの笑顔にあふれていました。

最後には、校長先生から愛ちゃんへ、こんなメッセージが贈られました。

たくさんのえんぴつを送ってもらい、とても感謝しています。
あなたが持っているようなやさしい気持ちが、

たくさんの国を助けてくれます。
あなたの病気がよくなって、元気になることを願っています。
自分のことだけではなくて、
ほかの国のたくさんの人のことを考えてくれる、
その気持ちはとてもありがたいことです。
あなたのように、世界のことを熱心に考えてくれる人は、
世の中のほとんどの人が持ち合わせていない、
純粋なやさしさをもっています。
校長として、この学校を代表して、とても感謝しています。
この気持ちを、いつまでもどうか忘れないでください。
私たちは、あなたの想いにこたえられるよう、
いただいたものを有効に活用していきます。
ほんとうに、ありがとうございます。

愛ちゃんのもとに届けられた、大切なＤＶＤ。そこには愛ちゃんへの感謝の言葉と一緒に、モザンビークの子どもたちが、自分の夢を語るシーンも入っていました。
目を輝かせた男の子は「学校の先生になりたい」。女の子ははにかみながら「看護師に

なって、たくさんの人の病気を治したい」。……その一言一言からは、大きな夢をかなえるためにたくさん勉強をしたい、というモザンビークの子どもたちの想いが伝わってきました。愛ちゃんが集めたえんぴつは、モザンビークの子どもたちにとって、将来の夢につながる希望を与えるもの。愛ちゃんは「夢をかなえるお手伝い」をしたのです。

DVDを見終えた愛ちゃんは、「喜んでもらえて、うれしかった」と笑顔で話して、そのあと手で顔を覆いつくしました。愛ちゃんは、みんなに喜んでもらえたことがうれしくて、たまらずに泣いてしまったのです。

地球の反対側の、会ったこともなければ、これから先もたぶん会うことはない、名前も知らない、顔も知らない、そんな子どもたちの苦難を自分のことのように考えた愛ちゃん。そして、愛ちゃんの想いを受け取ったモザンビークの子どもたちの「喜び」が、何倍にもなって、愛ちゃんのもとに戻ってきた――。

いま、社会はどんどん窮屈になっています。まわりの人からの視線や評価にとらわれ、「自分とは違う誰か」のことを考える、その余裕が失われつつあるように感じます。

でも、愛ちゃんは教えてくれます。私たちはいつでも誰かを想い、行動できること。国境や文化さえも超えて、喜びを分かち合えること。たとえ、えんぴつがすり減って役目を終えても、そこに宿ったあたたかい気持ちはお互いの心に刻まれたこと。そのあたたかさは、これからも元気をくれること。

愛ちゃんのシンプルで素直な気持ちは、多くの人がもっているものでしょう。いろんな場所で、その気持ちが重なり合って芽となれば、景色はきっと豊かに変わる。そんな風景が広がっていくことを、私は信じてやみません。

2005年夏、101人のウィッシュチャイルドの絵を印刷したバナーが宇宙飛行士・野口聡一さんとともに宇宙へ。野口さんとの出会いは「NASAに行きたい」という男の子の夢がきっかけ。

# 心のなかを
# 泳ぎ続けるクジラ

ひとつの夢がかなう瞬間。
それは、新たな夢の始まりでもあります。
さらに大きく、さらにやさしく。
やがて彼は、そのおおらかな世界に惹かれた人々と、
同じように夢を分かちあいました。
空を泳ぐ海の動物となって。

「ディズニーランドに行きたい」
という夢をかなえた、
石川《いしかわ》大輝《だいき》くんのお話をしたいと思います。

「はい、これね！」

得意げに手渡された、一枚の写真。そこに写っていたのは、真っ裸で立ったままおしっこをしている男の子でした。当時、ウィッシュチャイルドの写真は、最初の対面のときにいただくことになっていました。それは夢をかなえるのに協力をお願いする方々に「この子が夢の主人公です」と説明をするためです。でも、こんな写真は前代未聞。あまりにおかしくて、私は思わず噴き出してしまいました。すると、写真をくれた男の子はニッと笑います。写真のなかと同じ、大きな瞳をさらにぱっちりと見開いて。

「まだ毛は生えてないけど、生えたら、またあげるよ」

それは、石川大輝くんとはじめて会った日のことでした。大輝くんがもっていたこの明るさが、夢をかなえたあと、もうひとつの夢の実現へと大人たちを突き動かすことになるのです。

## 夢の国へ

大輝くんに会いに沖縄の病院を訪ねたのは、１９９５年1月14日。その前年のクリスマスイヴにお母さんから申し込みのお電話をもらい、福岡支部と沖縄のボランティアさんと3人で那覇を訪れたのでした。

大輝くんは男の子ばかりの4人兄弟の末っ子で、当時は小学2年生。入院生活を送る病院内を走り回り、同じように小児病棟で入院をしている子どもたちの世話を甲斐甲斐しく焼く、ムードメーカーのような存在でした。きりりと太い眉と長いまつげが印象的で、人見知りしないおおらかな性格からは、家族のみんなにかわいがられて育ってきた様子が目に浮かびました。

「家族全員でディズニーランドに行きたい！」という大輝くんの夢は、かなえることはそう難しいものではありません。本人の意思確認も済み、お母さんと日程を相談することにしました。お母さんの希望は、3月。いちばん上の息子さんが受験を控えていて、それを配慮してのことだったようです。

しかし、大輝くんの担当医にそのことを話すと、難色を示されました。

「……もっと早いほうがいいでしょう。いまはコンディションがいいけれど、1か月や2か月先となると、なんとも言えません」

大輝くんが抱えていた病気は、神経芽細胞腫という交感神経にできる小児がんのひとつでした。ほとんどが2歳までに発症し、1歳未満に見つかればたいてい完治するのですが、2歳以上で発症すると治療が難しくなる病気。大輝くんはこの神経芽細胞腫を5歳で発症し、それからは入退院を繰り返していました。

〝あんなに元気に廊下を走っているけれど、厳しい状態なんだ。そうとなると一刻も早く実現したほうがいい。今度は廊下じゃなく、ディズニーランドを走り回ってほしい……〟

お母さんには「3月の春休みよりも1月のほうがディズニーランドもホテルも空いているし、どうですか？」と相談してみました。

「それに沖縄生まれで沖縄育ちの大輝くんには、東京の寒さを体験するのも楽しいかもしれないですよ」

私のこんな提案に、お母さんもなにか察するところがあったのかもしれません。

「そうですね。お兄ちゃんたちも『大輝のためならなんだってやる』と言っているし、今月にしちゃいましょう」

そうして大輝くんとご家族は、1月29日に沖縄から東京へやってきたのでした。2泊3日の、夢の旅行の始まりです。

## もうひとつの夢の始まり

大輝くん一家は、おじいちゃんにお父さん、お母さん、そして4人の兄弟という総勢7名の大所帯。大輝くんにとって家族揃っての旅行は、はじめての経験です。

宿泊先は、東京ディズニーリゾートと東京湾に面した「シェラトン・グランデ・トーキョーベイ・ホテル」。たまたまボランティアさんのなかにこちらのホテルの重役さんと知り合いの方がいて、夢の実現のために協力をお願いしたところ、部屋を提供してくださったのです。しかも、当日はホテルの前で大勢のホテルスタッフが一家をお出迎え。部屋にはボランティアさんとホテルの従業員の手によって、にぎやかに飾り付けがほどこされていました。

これにはびっくりの大輝くんでしたが、その表情はとてもうれしそうでした。大好きなプルートの帽子をかぶり、手には生まれてはじめて身につける手ぶくろ。沖縄からやってきた大輝くんは、初体験の冬の寒さと、ずっと憧れていたディズニーランドをめいっぱい満喫して、ホテルに帰ってきました。

本当なら、夢はここでおしまいです。

しかし、夢はさらに続くことになります。

私がその話を聞いたのは、3日目の朝。ホテルが用意してくれたリムジンの到着をロビーで待っているときのことでした。

大輝くんは、「ちみ、ちみ」と言って、私に声をかけました。ソファにふんぞり返るようにして腰かけ、おもむろにタバコをふかすポーズ。どうやら〝お偉いさん〟の真似をしているようです。

そして、こう言いました。

「大人になったら、シェラトンホテルの社長になる」

後にお母さんから聞いたところによると、その前夜、大輝くんは「シェラトンホテルの社長になって、たくさんの子どもたちを泊めてあげたい」と話していたそうです。

「自分がしてもらったように、みんなにも」

ロビーで見せたしぐさが面白くてかわいくて、そして大輝くんの気持ちがうれしくて、私の心から大輝くんの言葉が消えることはありませんでした。

ちょうどそのころ、ある有名な企業の社長さんに「誰かうちの会社の社長になりたいという夢をもっている子はいないかな?」と言われたことがありました。そういうこともあり、後日、夢の実現に協力してくれた方々に贈る感謝状を持ってシェラトンホテルに出かけたときに、社長の飯村敏光さんに大輝くんが言っていたことを伝えたのです。

「大輝くんがシェラトンの社長になりたいって言っていましたよ」

すると、飯村さんは笑いながらおっしゃいました。

「いつでも代わってあげますよ」

その場は、こうして終わりました。

まさか、この後、現実になるとは思いもよらないまま。

## 夢を分かちあう気持ち

シェラトンからメイク・ア・ウィッシュに電話がかかってきたのは、1年後のことです。

「一般の人を総支配人に任命して、一日社長をやってもらうというプログラムをつくったのですが、その第1号を、ぜひ大輝くんにお願いしたいんです」

あの場で終わったと思っていた話は、なんと実現に向けて着々と進行していたのです。

実は、大輝くんの前にも、シェラトンホテルではこんなことがありました。

大輝くんと同じようにディズニーランドへ行きたいという女の子の夢をかなえたとき、シェラトンホテルに宿泊しました。その子は耳が不自由だったのですが、スタッフのひとりが手話で彼女に話しかけてくれました。それを見ていたほかの社員の方々は「自分たちもやれるようになりたい」と言い、自主講座を立ち上げて、手話の勉強をするようになったのでした。会社から学べと言われたわけでもなく、忙しいなか、時間をやりくりして……。

そのことを知ったときも、シェラトンというホテルには、ホスピタリティという言葉が社風として息づいていることを感じましたが、「大輝くんの夢を今度は僕らがかなえてあげたい」ということから始まったこの計画にも、私はとても感激しました。

さっそく沖縄のお母さんに連絡をすると、「ぜひ!」という返事が。今度はお母さんとふたりで、大輝くんは〝新しい夢〟をかなえるため、東京にやってくることになったのです。

## 大輝くん、社長になる

一日社長といっても、形だけのものかな……と思っていた私は、空港での出迎えから驚くことになります。それは、きっと大輝くんもお母さんも同じだったことでしょう。

羽田空港に迎えにやってきたのはピカピカの社長専用車。ホテルに着けば、社員の方々がズラリと並んで待ち構えています。ホテルがこの日のためにわざわざ仕立てた小さなスーツに着替えると任命式、続いて重役会議。

ジャケットを羽織った大輝くんは、すでにカチンコチンに緊張しているようでした。

「社長、なにかご提案を」

重役会議ではホテルに対して提案をしてくださいと、あらかじめ大輝くんには伝えられていました。しかし、慣れない雰囲気に大輝くんは黙ってしまいました。

〝なにやってるんだ、大輝！　がんばれ、がんばれ！〟

沈黙する大輝くんに、会議室の後方から私は心のなかで必死にエールを送りました。

「飛行機に乗ったら……」

ようやく、大輝くんが言葉を口にしました。

「飛行機の窓からシェラトンが見えたんだけど、飛行機からシェラトンホテルってわかるように、屋上に絵を描くといいと思う。子どもが喜ぶような……夏ならクジラ、冬なら雪だるまの絵」

大輝くんの発言に、「そういう発想があったか」「とてもいいアイデアだ」と、会議室は一気に沸き立ちました。

その日の夜、シェラトンからほど近い私の家に、大輝くんとお母さんがやってきました。食卓を囲んで、ささやかなお疲れさま会と再会のお祝いです。家には末の息子がいたので、大輝くんとふたり、テレビゲームをして遊んだりもしました。

大輝くんがトイレに行くため席を離れたときです。それまでニコニコと笑っていたお母さんが、「じつは……」と話し始めました。

「先生には、もうダメだって言われていて。いつまでもつかもわからないんです」

このとき、大輝くんは入院中のところを特別許可をもらって東京へやってきていました。沖縄では、モルヒネで激しい痛みをおさえている、そんな日々を過ごしていたのです。

一見、元気そうな大輝くん。でも、好物だと聞いて食卓に並べたイクラも、少し手をつけただけ。ご飯もほとんど食べていない……。

ある日、大輝くんはお母さんに「おれ、がんなのね」と言ったそうです。

どう答えていいのか迷いながら、勘のいいこの子に隠すことはできないと感じたお母さんは「がんだけど、治るがんだから、がんばろう」と伝えることにしました。

すると、大輝くんはこう返事したそうです。

「ガーンっ」

——大輝くんは、そういう子でした。とっさにまわりの人びとを笑わせたり、和ませたり、喜ばせることができる、ひょうきんな男の子なのです。


大輝くんとお母さんがホテルに戻ったあと、片づけをしていると、息子がぽつりと呟きました。

「どうして？　あんなに元気にゲームしてたじゃん。それなのに、どうして……」

明るさの下の、過酷な現実。でも、決して人前でそれを見せない大輝くん。明るいぶんだけ、息子はショックだったのかもしれません。

## 空を泳ぎ、海を越える、大輝くんのクジラ

2001年の7月。それは体感温度が38度を超えたと思えるような、とてもとても暑い

日のことでした。テレビを観ていたら、偶然、そのニュースが流れたのです。

「シェラトン・グランデ・トーキョーベイ・ホテルの屋上に、従業員によって体長20メートルのクジラの絵が描かれました」

映像は、シェラトンの宴会場の建物の広い屋上で、たくさんの人々がクジラの絵にペンキで色を塗っている場面でした。照りつける太陽の陽を浴びながら、流れる汗を拭い、休むことのない数々の手……。

「こんな暑い日に、こんな大勢の人が……」

事前にシェラトンの方から連絡を受けて絵を描くことになったのは聞いていましたが、その映像に、私はテレビの前で感動していました。

ひとりの子どもの言葉を、大人たちがきちんと受け止めた。そして、本当に実行した。

——なんて素晴らしい光景だろう！

もちろん、大輝くんのもとにもクジラの絵が実現したことは伝えられていました。完成した写真も送られていました。「絶対に見に来てね」と、宿泊券つきで。

でも、大輝くんはクジラの絵を見ることはありませんでした。

「元気になったら行く」

そう言ったまま、クジラの絵が完成して3か月後、大輝くんはこの世を去りました。

その後、この大輝くんのクジラの絵のことは、『大輝くんのクジラ』という絵本になりました。これが思わぬところで反響を呼ぶことになります。なんと、英訳された絵本を読んだアメリカとカナダ、メキシコの小学生たちが、折り紙でつくったクジラを、シェラトンに送ってくれたのです。「アラスカの海で子クジラに生まれ変わった大輝くんを見たよ」という手紙も添えて……。

ひとりの夢が人びとを惹きつけ、それがもっと多くの人たちの願いになり、祈りになる。――入り口をつくるのは、私たちの仕事。でも、そこから先の道は、夢をかなえる子どもたちが拓いていく。こうしてメイク・ア・ウィッシュが続いているのも、多くの人に支えられているのも、すべては子どもたちの魅力が、まわりを変えてきたからこそ。そこに病気かどうかなんて、関係はない。人はみんな、その魅力をもっているのだと、私は思うのです。

大輝くんの大きな瞳が、まぶたの裏に思い描いたクジラ。

それは、海を越えていまも、人びとの心のなかをゆったり自由に泳いでいます。

ジャケットを羽織り、ネクタイを締めて、一日社長を務める大輝くん。客室の点検、料理の味見、重役会議と大忙しの一日だった。

写真提供／シェラトン・グランデ・トーキョーベイ・ホテル

病気は僕のトロフィー

「病気は僕のトロフィーです」と、
小さな男の子は言いました。
病気でも、やりたいことをあきらめない。
家族や友だち、先生……
多くの人たちに支えられながら、
車椅子に乗ったその男の子は、
ある夏の日、大きな夢をかなえたのです。

「旅の終着点の甲子園で、
憧れの赤星選手に会いたい」
という夢をかなえた、
吉村和馬《よしむらかずま》くんのお話をしたいと思います。

病気になんてかかって、かわいそう。世の中には、そんなふうに言う人がいます。

逆に病気にかかってしまったとき、人はこんなふうに考えることがあります。

ああ、もう普通には生きられない、なにもできないんだ。現実から目をそむけてしまいたい――。

そうして世間と自分のあいだにバリアを張って、「かわいそう」の内側に閉じこもってしまう。これはある意味、当然かもしれません。「絶望」に直面し、ダメージを受ければ、誰だってマイナス思考のスパイラルに陥ってしまうからです。

でも、吉村和馬くんは違いました。「かわいそう」という外からの視線も、「かわいそうなんだ」という思考にも縛られることなく、自分らしく病気をとらえていました。

和馬くんは、自分の病気を「僕のトロフィーです」と言います。

病気は宝物――。どうして、和馬くんは堂々と胸を張れるのか。その理由を、私は和馬くんが果たした夢をかなえる〝旅〟のなかから知ることができた、そんな気がしています。

まずは、その〝旅〟の話から始めましょう。

## 和馬くんの旅のスタート

吉村和馬くんがメイク・ア・ウィッシュでかなえた夢は、ちょっと変わった〝変化球〟のものです。なぜなら、和馬くんの一家は、申し込んだときにはすでに家族でひとつの夢の達成をめざしていたからです。

和馬くんが4歳のとき、お父さんとお母さんは、ある目標を立てました。

和馬くん一家が住んでいるのは、京都市の中心地。家の最寄り駅である阪急電車・烏丸駅から、兵庫県の神戸市にある三宮駅（現・阪急三宮駅）まで、お休みの日に一駅ずつ家族みんなで歩こう！　それがお父さんとお母さんが考えた目標です。烏丸駅から三宮駅までは、じつに40近い駅があります。距離にして、なんと74キロもの長旅です。

旅を始めたころ、妹の真綾ちゃんは1歳になる手前。お母さんは真綾ちゃんのベビーカーを押しながら、お父さんは和馬くんとあれこれおしゃべりしながら、家族みんなで街を歩くことを楽しんでいました。

和馬くん一家が一駅ずつ歩く旅を始めたのは、和馬くんが「筋ジストロフィー」だということを医者から告げられたのがきっかけでした。

「筋ジストロフィー」という病名を聞かされたお父さんとお母さんは、大慌てで医学書を開き、原因がわからない病気であること、20歳前後で死にいたる病気であることを知ります。でも、この本の記述は正しくありません。じつはうっかり古い医学書を手にしてしまい、筋ジストロフィーの研究はずっと進んでいたのです。しかし、そうとも知らず、お父さんとお母さんはただただ大きなショックを受けた、と言います。

しばらくして正しい情報を得たものの、筋肉が徐々に弱くなっていく病気であることに違いはない――。そこでお父さんは、こう考えたそうです

「和馬はいつ歩けなくなるか、わからない。それならば、いっぱいいろんな街を歩かせてやりたい」

そのとき思いついたのが、阪急電車の沿線を一駅ずつ歩くという旅だったのです。

## 旅のゴールと、かなえたい夢

和馬くんがメイク・ア・ウィッシュに夢を寄せてくれたのは、阪急電車沿線の旅があと3駅で達成するという時期でした。

このころ、和馬くんはすでに歩くことが難しくなり、車椅子に乗って旅を続けていました。まだ慣れない、車椅子の運転。時にはつらい道のりもあったけれど、和馬くんは旅を

やめることはありませんでした。

なぜかというと、和馬くんにとってその旅は、純粋に「楽しかった」からです。

お父さんとお母さんは、ただ街を歩いて通り過ぎるのではなく、いつも目的を用意していました。

「きょうは途中で美術館に行ってみよう」「次に行く駅には、近くに動物園があるよ」「きっと、そろそろ紅葉がきれいだよ」……そんなふうに、和馬くん一家の旅には、たくさんの〝わくわく〟するイベントがあったのです。

なかでもいちばんの楽しみだったのは、みんなで食べるご飯。お父さんはいつも事前に、いろんな場所のおいしいお店をインターネットで調査していたのです。

そう。和馬くんの家族は、いつもにぎやか。外に出かけるのが大好き、イベントに参加するのも大好き、人と出会うのも大好き。とても社交的な一家です。


そんな陽気な一家ですから、メイク・ア・ウィッシュで夢をかなえられると知ったときも、大騒ぎだったそうです。

ちょうど三宮駅で阪急電車沿線の旅のゴールを迎えたら、今度は阪神電車に乗り換え、次は家族みんなが大好きな阪神タイガースの本拠地がある甲子園駅をめざそう！とすでに決めていました。そこで、どうせなら甲子園へのゴールと同時に、なにか夢をかなえよう、という話になりました。

「夢がかなうんやったら、『阪神タイガースの星野仙一監督に会いたい』っていうのは、どう？　星野さんに会ってみたいわ〜」

そうお母さんが言えば、

「いや、やっぱり『甲子園球場を一周して、阪神の選手全員に迎えてもらう』っていうほうが、ぜいたくちゃうか？」

と、お父さん。夢の主人公である和馬くんそっちのけで、みんなの夢がぽんぽん飛び出します。

「で、和馬はなにをかなえたいん？」

お父さんからの質問に、和馬くんはこう答えたそうです。

「僕は、車椅子で甲子園にゴールして、赤星選手に会いたい」

赤星選手というのは、当時、阪神タイガースのなかでも1、2の人気を誇っていた、赤星憲広選手のこと。名前にちなんだ「赤い彗星」という愛称のとおりに足が速く、その俊足はプロ野球界でナンバーワンとも言われていました。

和馬くんにとって、赤星選手は憧れの存在でした。

「僕は走れないけれど、赤星選手は走るのが速い。赤星選手が走ってるところは、すごくかっこいい！」

もうひとつ、和馬くんには赤星選手に憧れる理由がありました。

赤星選手は、盗塁が成功した数だけ、病院や養護施設に車椅子を寄付するという活動をおこなっていました。和馬くんは、そのことを伝えるニュース番組を観て以来、「なんて、ええ人なんやろう」と思ってきたのです。

かっこよくて、尊敬できる、すごい人。――こうして和馬くんの夢は、「旅の終着点の甲子園で、憧れの赤星選手に会いたい」に決定したのです。

家族でかなえる夢のあとに、和馬くんがもうひとつ夢をかなえる。メイク・ア・ウィッシュにとっても、なんともスペシャルな夢のお手伝いです。

## 夢の甲子園へ

そして、季節は6月。ついに甲子園をめざす日がやってきました。

この日は、旅のフィナーレということで、尼崎センタープール前駅から3つ目の駅である甲子園駅まで向かうことになりました。総距離3・3キロ。いつもとくらべると長い距離です。

尼崎センタープール前駅には、メイク・ア・ウィッシュのスタッフやボランティアさんたち、幼稚園時代の担任の先生、和馬くんが通っている教会の知り合いの人たち、同じ阪神タイガースファンの仲間など、総勢30人もの〝大応援団〟が結集。和馬くんが緊張気味にあいさつし、その後、和馬くん一家はゴールに向けてスタートを切りました。

その日、和馬くんはいつもより速いスピードで進みました。日差しはどんどんと強くなり、なるべく日陰を選んで走るものの、暑くて顔は真っ赤。45分かけて、ひとつ目の駅である武庫川駅を通過すると、難関の、長く、かなりきつい坂が続きます。

そのうち、何度も車椅子が止まるようになりました。和馬くんの手のひらを見ると、できたマメがいまにも潰れそう。しかも、段差にひっかかり、車椅子をなんとか歩道にのりあげようとするものの、うまくいかない。すかさず妹の小学1年生の真綾ちゃんが、車椅子を後押しします。

この旅にはルールがありました。

小さな段差で車椅子がうまく進まなくても、和馬くんの力でどうにかすること。でも、きつい坂道やどうしても前に進めないときは、真綾ちゃんが車椅子を後ろから押して、手助けしてもOK。真綾ちゃんは唯一の助っ人で、お父さんとお母さんは手を貸しません。それが、家族で決めたルールです。

まだまだ続く、のぼり坂。和馬くんの握力は、7kg。真綾ちゃんの半分しかありません。

それなのに、これだけの坂道を車椅子でのぼり続けるのは、とてもたいへんなこと。手が悲鳴をあげているのは、一目瞭然。和馬くんの表情も、どんどん険しくなっていきます。

そんな和馬くんに、お母さんが声をかけました。

「マメ、できたん？　和馬、どんな顔してる？　ええ顔してる？」

お母さんは笑顔で、和馬くんの顔を覗き込みます。

「しんどいんやったら、休むか？」と尋ねるでもなく、「大丈夫。もう少しやで」と励ますでもない――。

お母さんの言葉を受けて、和馬くんは再び、車椅子をこぎ出しました。

車輪が回り、ぐんぐん前へ進んでいく。前へ、前へ。


目標の甲子園駅が、すぐ近くにまでやってきました。


車椅子を進めるにつれ、和馬くんを応援する人の数は、どんどんと増えていきます。沿道からは、「がんばれー！」「もうちょっとやでー！」と、たくさんの声。そのうち、大きな横断幕が見えてきました。その横断幕は、小学校の先生が和馬くんを応援するためにつくってきてくれたものでした。

メイク・ア・ウィッシュのボランティアに、ボーイスカウトの知り合い、和馬くんの友だちたちも勢揃いして、和馬くんを見守ります。

そして、スタートから2時間。6年間続けてきた旅のゴールのサインである横断幕を、和馬くんが駆けぬけました。

「和馬くん、ゴールおめでとう！」

スタート地点の倍以上にまで膨れあがった、和馬くんの応援団。

「ゴール、できた！」

和馬くんも、大きく笑いました。

みんなの笑顔に包まれて、和馬くんはその日いちばんの「ええ顔」をしていました。

## 憧れの選手との対面

ゴールインを果たした喜びの余韻にひたる間もなく、和馬くんは駅からほど近い場所にある甲子園球場へ向かいました。

球場のなかにある会議室。ドアの先には、あの憧れの人が和馬くんを待っています。

コンコン。

ドアをノックすると、すぐさま扉が開き、赤星選手が和馬くんを出迎えました。どうやら赤星選手は、ドアの前でずっと和馬くんがやってくるのを待ちわびていたようです。

テレビの前や球場のスタンド席で、ずっと応援してきた赤星選手。その赤星選手が、いま目の前にいる。……和馬くんは思わず「わぁ〜！」と歓声をあげました。

赤星選手は、「お疲れさまでした！」と言って、用意してくれていた花束を和馬くんに手渡します。

「大変だったかい？」

赤星選手は、和馬くんに問いかけました。

「マメがたくさんできました」

自分の手を触りながら、そう話す和馬くんに、赤星選手はこう言いました。

「がんばった証拠だね」

大好きな人が、がんばりを認めてくれた。和馬くんはうれしさで、ついつい顔がほころびました。

赤星選手は、愛用の赤いグローブを、和馬くんと妹の真綾ちゃんにプレゼント。グローブには、赤星選手のサインが入っています。思いがけないプレゼントに、和馬くんは満面の笑みです。

そして、今度は和馬くんが、赤星選手にプレゼントを贈りました。それは、和馬くんのこれまでの旅の模様を綴った本。その見開きページに、和馬くんは赤星選手への手紙を書いていました。

「ありがとうな」。そう言いながら、赤星選手は手紙に目を落とし、和馬くんからのメッセージを読み上げました。

ぼくは病気で走れないので
病気が治ったら赤星さんみたいに走りたいです。
それから、変化球の投げ方を教えてください。
これからも盗塁などしてがんばってください。
応援してます。

手紙を読み終わり、赤星選手は和馬くんの目を見ながら、話しかけました。

「治ったら、一緒に走ろうな！　一緒に走ったる！」

腰をかがめ、車椅子に座る和馬くんの目線の高さに合わせて話してくれた、赤星選手。車椅子にサインをしてもらって、一緒に走ろうという約束の指切りをして……。さらにこの日、和馬くんは、甲子園球場でおこなわれる阪神タイガースの試合も観戦することに。試合開始前、グラウンドにあらわれた赤星選手は、和馬くんの近くまで駆け寄りました。

「きょうは絶対に走るからな！」

これは、盗塁を決めるぞ、という宣言です。

その夜、赤星選手は残念ながら盗塁は決められませんでしたが、見事なヒットを打ったのです。


憧れの赤星選手と会いたいという夢。和馬くんは、ついにそれをかなえました。いっぱいのプレゼントと、勇気がわいてくる言葉。赤星選手は、たくさんのものを和馬くんにくれました。

でも、和馬くんは、「もらってばかり」ではなかったはずです。

赤星選手は、和馬くんと話しているあいだ、ずーっとうれしそうな表情を浮かべていました。

それもそのはずです。6年間もかけて続けてきた旅のゴールに、「赤星さんと会いたい！」と、自分を選んでくれたのですから。そのことは、きっと赤星選手にとって、とても誇らしいことだったでしょう。

自分のプレーは、誰かを励ます力があるんだ。――和馬くんと出会って、赤星選手はしみじみ感じたのではないでしょうか。

## みんながいたから、できたこと

和馬くんの病気がわかったとき、お母さんは「もう一生、笑うことはない」と思った、と言います。泣いてばかりで過ごして、誰にも病気のことを打ち明けられず、苦しい日々を送っていたのです。

なんでうちの子だけが……。私がなにかしたから、こんな目に遭うの？　もしかして京都中の人が「あそこの家の子は大変らしいよ」と噂しているのでは……。不安や不信感、自責の念がどんどんと押し寄せて、もう潰されそう。そんなギリギリのところまで追い詰められていたのではないか、と思います。

しかし、「もう一生、笑うことはない」とまで思い詰めていたのに、お母さんは和馬くんに「どうせやったら、ええ顔して生きていこうやないの」と笑顔で言う。

「ええ顔」をして生きるというのは、胸を張って、自分らしく生きる、ということです。それはきっと、この旅のなかで、お母さんが見つけた〝答え〟だったのではないでしょうか。家族で同じ目標を掲げて、同じ夢をもち、時間を共有し、笑い合いながら、歩く。歩く。歩く。

一緒に歩く大事な家族がいる。応援してくれる仲間がいる。和馬くんが車椅子でも分け隔てなく接してくれる友だちもいる。それだけじゃない。旅のなかでは、うどん屋から出てきた知らないおばさんが、和馬くんに「がんばりやー」と声をかけてくれる。

こうやって、人生は前に進んでいけるんだ。

そのことを知ったのは、お母さんだけではないはずです。お父さんも、妹の真綾ちゃんも、そして、ほかならぬ和馬くんも、また。

和馬くんは、小学3年生のとき、作文の最後にこう書いています。

ぼくは、この病気になって神様から、
いろんな宝物をもらいました。
それは友達とか仲間です。
病気は治ってほしいけど、
筋ジスは、ぼくのトロフィーです。

和馬くんは、自分の人生を人から同情されるのではなく、きっぱりと「みんなと同じように、自分のもの」と言います。僕にとって僕の病気は宝物、トロフィーなんだ、と。

自分のことを支えてくれる大切な友だちや仲間、家族。そうしたかけがえのない人たちがいてくれることを、しあわせだと思える。和馬くん一家の〝旅〟という夢の道のりが、そんな気持ちを育んだ。そう思うのです。

和馬くんは、2014年に20歳を迎えました。同志社大学に入学し、社会福祉学科を専攻。障がいをもった人や子どもたちが、いまよりもっと豊かに暮らせる社会をつくるための勉強をしています。

もちろん、旅を完走したあのころと同じように、和馬くんはいろんなことにチャレンジしています。

小学生のころから続けている「電動車椅子サッカー」では、所属チームが全国大会に出場。4度目の全国大会進出です。次は全日本の選手に選ばれることが、和馬くんの夢になったと言います。

和馬くんはいまでも、「筋ジスは、ぼくのトロフィーです」という、小学生のときに書いた作文のことを、よく覚えています。

そして、その想いは、現在も変わっていません。

一駅一駅歩き、車椅子をこぎ、ゴールにたどり着けたのは、楽しく盛り上げてくれた家族がいたから。メイク・ア・ウィッシュを知り、大好きな赤星さんに会えたのは、多くのボランティアさんたちが応援してくれたから。小学校、中学校、高校……無事に卒業できたのは、たくさんの友だちが助けてくれたから。

自分だけの力じゃない。みんながいたから、ここまであきらめずに、いろんなことをやってこられた。

——大人になった和馬くんのそんな言葉を聞いて、私はやっぱりこう思うのです。

「和馬くん、めっちゃ『ええ顔』、してるね！」

甲子園球場をめざす和馬くん一家。家族の笑顔、そして、友だちや見守る人びとからの声援を受けて、和馬くんは夢のゴールインを果たした。

# 取り戻した、3つの言葉

1日、また1日と過ぎていく毎日のなかで
病気の進行と対峙してきたお母さん。
いつか、その瞬間を忘れてしまうとしても、
この子にすてきな思い出を残してあげたい。
そうして実現した夢の時間は、
ひとつの小さな奇跡を生みました。

「イルカと一緒に遊びたい」
という夢をかなえた、
住《すみ》谷《や》正平《しょうへい》くんのお話をしたいと思います。

長いあいだ、自分の足で歩くことができないでいた、ななちゃんという女の子がいました。ななちゃんの夢は、ディズニーランドに行くこと。そして願いがかなった日、ななちゃんはディズニーランドの入り口で不思議の国のアリスに出会いました。

そのとき、ななちゃんが車椅子から立ち上がりました。一歩、また一歩と足を踏み出し、ふわりと、目の前のアリスに抱きついたのです。

——思いがけず起こる、奇跡のような瞬間。夢をかなえるお手伝いをしていると、このような場面と遭遇することがあります。

たとえば、食事をとることも苦痛になっていた子の「おかわり！」という声。重い心臓病を抱え指一本を動かすのも困難だった子が見せた、渾身のVサイン。痛みが治まらないはずなのに、はしゃいで走り回る細い足……。

私はそのたびに、夢をかなえるという喜びがもたらす力の大きさを思い知ります。ひとつ、またひとつと増えていく小さな奇跡。それが現在のメイク・ア・ウィッシュの原動力になっているのです。

そんな奇跡の物語のなかに、正平くんとの思い出があります。

## イルカ！　イルカ！　イルカ‼

住谷正平くんは、ムコ多糖症という病気と闘っている7歳の男の子でした。数万人に1人が発症するというこの病気は、身体の老廃物を分解する酵素が欠損しているために、知的障がいがあらわれたり、心臓・肝臓・脾臓などの肥大、関節や骨の変形・拘縮といった障がいが全身にあらわれ、年を重ねるにつれ病状が悪化する難病。元気に歩いていたのに、それがだんだんと難しくなっていく。おしゃべりだったのに、だんだんと言葉を失っていく。そういう進行性の病気です。

担当ボランティアの兼森あつ子さんと正平くんの自宅を訪ねると、正平くんはぴょんぴょんと跳ね回って、私たちを迎えてくれました。興奮してジャンプを繰り返す正平くん。と思ったら、突然、弟の順平くんにパンチ！　でも、このジャンプもパンチも、病気によるものなのです。

ムコ多糖症はいくつかに分類されるのですが、正平くんの場合はハンター症候群という型。病気が進行するにつれ、じっとしていられなくなったり、攻撃的になったりという特有の症状があらわれます。そんな、日に日に進んでいく症状を受け止めてきたお母さんは、「正平が大好きなイルカと一緒に遊ばせてやりたい」と考えるようになり、メイク・ア・ウィッシュに電話をくれたのです。

しかし、このとき正平くんは「イルカに会いたい」ということもきちんと言葉で話せなくなっていました。

「幼いころからイルカが大好きで、絵本を見ながら『これはね』『あれはね』とイルカの説明をする、イルカ博士だったんですよ」

お母さんはそう言ってから、ビデオデッキにテープを差し込みました。画面に映し出されたのは、イルカが水のなかをすーっと流れるように泳ぎ、宙にある輪を颯爽とくぐり抜ける映像。すると正平くんは、吸い寄せられるようにテレビの前にちょこんと座りました。

「イルカ！　イルカさんだよー！」

何度も画面を手で叩きながら、正平くんは歌い、イルカの動きに合わせて身体を揺らします。

「イルカさん、好きなんだね」

そう話しかけると、「イルカ！　イルカ！」と言って、正平くんは飛び跳ねました。

〝うん。正平くん、通じるよ。ちゃんと通じているよ〟

たとえ単語だけの会話でも、それで十分だと私は思いました。言葉を費やすよりも、もっと確実に、正平くんは気持ちを伝えてくれたのです。

## 夢をかなえる場所

イルカと一緒に遊べる場所は?と考えたとき、私の頭のなかに、「ルネッサンス リゾート オキナワ」というホテルが思い浮かびました。このホテルの敷地内には沖縄海洋研究所（現・オキナワマリン リサーチセンター）があり、イルカと触れ合うプログラムがあるのです。でも、理由はそれだけではありません。沖縄海洋研究所とルネッサンス リゾート オキナワには、深い思い入れがあったのです。

それは、「ルリスズメダイ（瑠璃すずめ鯛）と遊びたい」という、大石瑠衣子《おおいしるいこ》ちゃんの夢をかなえようと動いているときのことでした。沖縄海洋研究所に協力をお願いしたところ、夢の実現はもちろん、ルネッサンス・リゾート・オキナワも宿泊を協力してくれることになったのです。

しかし、沖縄に出発する4日前に、瑠衣子ちゃんは亡くなってしまいました。

自分の名前と同じ字の入ったルリスズメダイとの対面を楽しみにしていた、瑠衣子ちゃん。夢をかなえることができなかった悔しさと悲しさを抱えながら、沖縄海洋研究所とルネッサンス リゾート オキナワにも、その報告をしました。すると数日後、メイク・ア・ウィッシュの事務局に、ルリスズメダイの写真が届いたのです。同封された手紙には「どうか瑠衣子ちゃんのご霊前にそなえてください」と書かれていました。

きっとここなら、正平くんの夢をかなえられる。そうして再び協力をお願いしてみたところ、即座に了解が返ってきました。

ただ、拭えない不安もありました。それは、正平くんが起こすリアクションのこと。興奮のあまり、もし大声を出してしまったり、イルカを叩いてしまったらどうしよう。私たちにとって、これがいちばんの心配ごとでした。正平くんの多動・攻撃的という症状による、誰にも予測ができない行動にどう対処するか。ボランティアと研究所の方々とのあいだで、度重なる打ち合わせがおこなわれました。

## 親が、子どもの病気と闘うということ

正平くんの夢をかなえるためのボランティアチームをまとめていたのは、兼森さんでした。兼森さんは、メイク・ア・ウィッシュのボランティアのなかでもベテランさんで、感じたことをストレートに伝える私とは正反対に、自分を前に出さず、後ろから人を包み込むように支えることができるタイプ。事務局では「マリアさま」と呼ばれているほどです。

その兼森さんが、ある日、「正平くんのことで、思いついたことがあるの」と言いました。

それは、打ち合わせの最中に正平くんのお母さんが「病気がわかった4歳のときから一度も誕生日のお祝いをしたことがない」とふともらしたことがきっかけだったようです。

「お母さんは、『誕生日のたびに、1年、また1年と病気が進むことを思うと、とてもお祝いする気持ちになれなかった』とおっしゃっていたんですよ。それで、夢を実現する日は誕生日と合わせるのはいいんじゃないかなって。大好きなイルカと遊んだあと、お誕生日パーティも開いて、みんなでお祝いができたら……正平くんは喜んでくれるかな？」

「それ、すてきじゃない！　やろうよ、誕生日パーティ！」

兼森さんの提案に、私は無論、大賛成。それからは、どうしたら正平くんに喜んでもらえるか、ふたりであれこれと話しました。

「考えているだけで、ワクワクしてくるね」

そう言って微笑んだ兼森さんを見つめながら、私はあらためて夢をかなえるお手伝いができることと、彼女と巡りあえたこと、そのふたつの幸せを感じていました。そして、「きっと、うまくいく」という確信も。

正平くんの誕生日を翌日に控えた5月30日。夏を思わせるほどに暑く、雲ひとつない快晴の空のもと、正平くん一家とボランティアチームは沖縄へ出発するため、上野駅で待ち合わせをしました。

出迎えた兼森さんに、弟の順平くんとお揃いのTシャツを着た正平くんが話しかけます。

「沖縄へ、イルカに会いに行くんだよね！」

こんなにしっかりと話をする正平くんを見たのは、私も兼森さんもはじめてのこと。そんなうれしい驚きのあと、私たちは電車に乗り、羽田へ向かいました。

しかし、電車のなかで正平くんは落ち着きません。乗り合わせた乗客は、まるで「しつけがなっていない」「わがままな子どもだ」と言わんばかりにご両親と正平くんに視線を向けます。

〝これは、わがままなんかじゃないよ。病気のせいなんだよ……〟

親が、子どもとともに病気と闘うということ。そこには、病気に対する偏見や不理解との闘いもある。針のむしろに座らされているかのようなご両親の隣で、私はその途方もない苦労を想像することしかできませんでした。

## イルカじゃない!?

沖縄本島の中央部、西海岸に位置する恩納村は、豊かな海が広がるリゾート地。そこに、ルネッサンス リゾート オキナワはあります。

ホテルに到着すると、正平くん一家をホテルのスタッフさんたちが待ち構えていました。そのなかには犬とうさぎの姿も！　大きな動物の着ぐるみの歓迎に、正平くんも大喜びです。こうして、イルカと対面するときが刻一刻と近づいていきました。

翌朝。真っ青の空と海が見守るなか、ライフジャケットに身を包んだ正平くんが研究所の砂浜に立ちました。

正平くんを足の立たない深みまで連れて行き、興奮していない状態を確認してから、インストラクターの指示で正平くんのそばまでイルカを泳がせる。これが、研究所のスタッフと私たちが立てた作戦。その前にまずは波打ち際で水に親しむことから始めるため、正平くんは静かに浅瀬に足をつけました。

そのとき、予想外のことが起こりました。

いつも警戒心が強く、インストラクターの指示なしには決して知らない人には近寄らないイルカが、囲いから飛び出し、つやつやした立派なひれで水を掻きわけて、浅瀬の正平くんのもとへ近づいていったのです。

「シャチー、シャチー」

正平くんが呼ぶ声に応えるように、イルカはゆっくりと、さらに正平くんに近づきます。小さな手が、静かに水面を叩く。その手から生まれた水しぶきのまわりを、いつしかイルカが美しい弧を描きながら泳いでいました。まぶしい日差しはビロードの海と反射し、正平くんとイルカのまわりをやわらかく照らし出します。その光景に、小高い場所からビデオを回していた兼森さんは涙を拭いました。

こうした兼森さんの話を聞いた私は、またしても驚いていました。それは、シャチ、シャチと声をあげる正平くんに、お母さんが「大きく見えるけれどイルカさんなんだよ」とやさしく話しかけたときの正平くんの反応に、です。

「ちがうよ、シャチだよ」

ほんの少し前までは、単語を繰り返すことしかできなかった正平くんが、ちゃんとお母さんと言葉でキャッチボールをしている。「ちがうよ」と、ちゃんと返答している……。

しかも、この驚きは奇跡の前兆に過ぎなかったのです。

## 小さな奇跡の瞬間

イルカとの楽しいひとときも終わり、正平くんはホテルの部屋に戻りました。

ご両親は、ある部屋の前で立ち止まり、「その扉をあけてごらん」と、正平くんに言いました。

ドアの向こうは、たくさんの風船と飾り付けで彩られた、にぎやかなお部屋。実は、正平くんがイルカと遊んでいるあいだに、ホテルのスタッフさんとボランティアさんが、本人には内緒で準備を進めていたのです。お料理も、ハンバーグにお刺身、エビフライといった正平くんの大好きな食べ物ばかり。普段のホテルのメニューにはないものを、シェフが正平くんのためにつくってくださった特別メニューです。

正平くんが椅子に座ると、部屋の電気が消されました。

ホテルのスタッフさんたちが『ハッピーバースデイケーキ』を歌うなか、大きなバースデイケーキがテーブルの上に運ばれ、着ぐるみの犬とうさぎは正平くんにイルカのぬいぐるみを手渡しました。ゆらゆら揺れる、ろうそくの火は8つ。あたたかい光が吹き消され、再び明るくなった部屋。みんなの「お誕生日おめでとう！」という声。

そのとき、正平くんの瞳から、突然、涙があふれ出しました。

――正平くんが、泣いている。

その場にいた誰もが、息をのみました。

丸い粒は転がるように滑らかな頬をつたい、正平くんの上気する顔を濡らし続けます。

やがて、しゃくりあげる音をこらえるようにして、口を開きました。

「ありがとう」

小さな、小さな声で、正平くんはそう言いました。

お母さんの目に浮かんでいた水の薄い膜は、ついにしずくに変わりました。

「正平がイルカに会っても、その場のうれしさだけなのかもしれない」

沖縄への出発前、そんなふうにお母さんが話したことがありました。

「イルカに会いに行くという楽しみや、帰ってからそれを思い出すことは、できないかもしれない。……でも、たとえ一瞬でも、正平の喜ぶ顔が見たいんです」

昨日できたことが、今日はもうできなくなっているという現実。今日の出来事を、明日には忘れているかもしれないという不安。それでも、正平くんに少しでも喜んでほしいと願ったお母さんの気持ちが、夢の実現につながりました。

そして、夢をかなえた夜。正平くんは〝言葉を取り戻す〟という奇跡を起こしたのです。「ありがとう」と呟いたパーティのあと、正平くんは「じゅんぺい」と、弟の名を呼んだそうです。

そして、なによりいちばん聞きたかった、「おかあさん」という懐かしい言葉も。

夢の実現は、思わぬ力を子どもから引き出します。そうやって本来子ども自身がもっている力がよみがえるとき、奇跡は生まれるのかもしれません。

その後、正平くんは小学校を卒業し、中学、高校へと進みましたが、18歳の誕生日を数日後に控えた5月、天国へ旅立ちました。秋に予定されていた修学旅行では、正平くんのためにみんなで沖縄へイルカに会いにいく予定だったそうです。

あの日、大好きな家族と一緒に沖縄でイルカと触れ合った正平くん。私の胸のなかでいまも、正平くんは碧い海のなかでイルカに囲まれ、にっこりと笑っています。

思いがけず、すぐそばまでやってきたイルカに正平くんはびっくり！　「イルカさんだよ」と言うお母さんに、「ちがうよ、シャチだよ」と言葉を返した。

# 「ありがとう」が言いたくて

突然、我が身を襲った病気。
多感な少年はいつしか、心をかたく閉ざしてしまいました。
しかし、死という恐怖の淵に立ったとき、
その少年は人の豊かさとやすらかに生きることを見出したのです。
彼のまばゆい光は、私にいろんなことを教えてくれました。

「『ジュラシック・パーク３』が観たい」
という夢をかなえた、
吉越大晃《よしごえひろあき》くんのお話をしたいと思います。

吉越大晃くんとメイク・ア・ウィッシュの出会いは、彼が16歳のときでした。

「かなえたい夢はなんですか？」

脳腫瘍という病気のせいで聴覚と右目の視力を失っていた大晃くんは、紙とペンを使って、こう答えました。


「アメリカで世界一の治療を受けたい」


メイク・ア・ウィッシュには「医療にかかわらない」という決まりごとがあります。夢をかなえること、その喜びやワクワクする気持ちを子どもたちに届けることが第一の目的だからです。

夢の力を信じている……信じているけれど、難病を抱えた子どもたちや家族にとっては、そんなことよりも生死の問題のほうがずっとずっと大事であることは当然でしょう。病気を治すことがなによりもいちばんだと、よくわかっているつもりです。だから、「その夢はかなえられない」と伝えることは、とてもつらいことでした。

「別の夢はないかな？」

たずねてみても、返事は返ってきません。

大晃くんの心は、すっかり閉じられているようでした。

〝大人なんて信じられない〟

まるで、そう訴えるように。

その日、大晃くんから次の夢が出てくることはありませんでした。

## 閉ざされた心

大晃くんが脳腫瘍と診断されたのは、2年前、14歳のとき。右耳が聞こえなくなったので病院で検査を受けたところ、脳腫瘍であることがわかったのです。

年若い彼の病状はあっという間に進み、両耳ともに聞こえなくなるなど、悪化の一途をたどりました。そこで手術をすることになったものの、手術室から出てきたときには両耳も聞こえないうえに、残念ながら右目も見えず、右半身が麻痺して手足も自由に動かなくなってしまったのです。

絵を描くことが大好きで、いつもグラウンドを元気よく走り、学校では友だちと悪ふざけをするたびに先生に叱られているような少年だった大晃くん。3度にわたる手術が彼につきつけたその現実は、どれほど絶望的だったことでしょう。

「話がちがうじゃん！　治るって言ったから手術を受けた。それなのに、なんでだよ！大人は嘘つきだよ、どうしてくれるんだよ！」

悲しみ、苦しみ、怒り、不安。そんななかで大晃くんはかたくかたく心を閉ざしていってしまいました。

そして、笑うことさえも忘れていきました。

「少しでも楽しい思いをさせてやりたい。昔のような笑顔を取り戻してほしい」

メイク・ア・ウィッシュの事務局にお母さんからお電話があったのは、ちょうどそんなころだったのです。


「病気を治すことはできない。その夢はかなえられないの」

そう言われて、きっと大晃くんの心はさらに傷ついたのではないか。夢をかなえてやると言ったくせに裏切られたと、さらに大人に不信感をもったのではないか。……担当の兼森さんも、私も、大晃くんのことを考えるとやりきれなさでいっぱいになりました。

だから、最初の対面からしばらくしてお母さんから「夢が見つかりました」と連絡をいただいたときは、今度こそは！という気持ちだったのです。

## 久しぶりの笑顔

大晃くんの夢は、「『ジュラシック・パーク3』が観たい」というものでした。『ジュラシック・パーク』1・2が好きだった大晃くんはその続編をとても心待ちにしていましたが、顔の神経が麻痺してからは人前に出ることを嫌い、車椅子で映画館に行く気にはなれなかったのです。

しかし、主治医の先生に大晃くんの病状について話を聞くと、ソフト化を待つ余裕はないと言います。映画はまだ公開前でしたが、公開日も待てるかどうかわからないような状態だったのです。

となると、方法はひとつしかありません。私と兼森さんは『ジュラシック・パーク3』の配給会社であるUIPに連絡を取り、協力をお願いしました。すると、特別に試写会を催してもらえることになったのです。

でも、課題はもうひとつ残されていました。

映像と字幕は視力のある左目で見ることができる。けれど、耳が聞こえない大晃くんに『ジュラシック・パーク3』の迫力を伝えるためには、どうすればいいだろうか——。

そこで兼森さんが見つけてきたものが「ボディソニック」でした。これは音を振動によって体感できる音響システムで、ボディソニックを備え付けた座席ならば、耳が聞こえなくても映画の臨場感を味わうことができるのです。このボディソニックを研究・開発していたパイオニアにも協力してもらえることとなり、準備は無事完了です。

「試写会もできるし、音も楽しめる。バッチリだね」

そう言うと、兼森さんは考えるような表情をしました。

「映画館といえば、あとは……」

「あとは？」

「ポップコーンとコーラがあれば最高だね！」

一度はがっかりさせてしまったけれども、大晃くんに楽しい時間を過ごしてほしい。閉じた心がちょっとでも開いてくれたらうれしい。それがボランティア全員の想いでした。

2001年7月30日。東京・東銀座のビルのなかにあるUIPの試写室に、大晃くんがやってきました。お母さんとおばあちゃん、弟の久倫くんも一緒です。

普段は飲食禁止の試写室ですが、この日は特別に許可をいただき、大きなポップコーンとコーラも用意しました。そう、気分はアメリカの映画館。大晃くんと家族だけの、スペシャルな上映会の始まりです。

ブザーが鳴り、会場は漆黒の闇に覆われました。スクリーンに映し出された、陸を、海を、空を暴れる恐竜たちの姿。回るフィルムは日常を飛び越えて、別世界へと誘います。

そのとき、大晃くんに笑顔が生まれました。大晃くんが、久しぶりに笑ったのです。もう誰も信じない。そう思っていた大晃くんの心が、ほんの少し開いた瞬間だったのかもしれません。

## ホスピスへ

メイク・ア・ウィッシュは、たった1回だけ夢をかなえるお手伝いをする、それだけの活動です。夢をかなえ終わったあとは、そのときの感動をエネルギーにして、新たな夢をもつことを忘れないでほしいと思っているのです。

しかし、あることをきっかけに、大晃くんとメイク・ア・ウィッシュは再会をします。映画の特別試写会が終わってから、数か月後のことでした。

ある日、メイク・ア・ウィッシュのTシャツをつくるための打ち合わせをしていたときに、ボランティアさんのあいだから「大晃くんのイラストを使用するのはどうだろうか」というアイデアが出ました。

将来はアーティストになりたいと思っていた大晃くんのイラストには、不思議な魅力がありました。夢をかなえたときには、すでに病気が進行し、筆を持つことができなくなっていましたが、過去に描き残していたその絵は、14〜15歳の少年が描いたとは思えないほどに精巧で、個性にあふれたものだったのです。

さっそく、兼森さんが原画を借りようと、お母さんに電話をかけました。

でも、電話に出たのは、おばあちゃんでした。

「あれから、大晃は病院からホスピスへ移ったのですが……実はいま、危篤状態なんです」

その話を聞いた兼森さんは、すぐさまホスピスへ向かいました。

「大野さん、いますぐTシャツをつくろう。つくって、大晃くんに一刻も早く見せてあげよう！」

病院から事務局にかかってきた兼森さんの電話での言葉に、その場にいたスタッフたちみんなが賛成しました。電話を切るなり、私はデザイナーに電話を、一方のスタッフも受話器を手に印刷屋さんに連絡を取りました。

〝お願い大晃くん、待っていて！〟

急ピッチで進められた制作作業。1週間後、大晃くんのイラストが入ったTシャツが完成したとき、大晃くんは危篤状態を脱していました。

## 大晃くんの新たな夢

大晃くんに完成したTシャツを届けるためホスピスを訪れた兼森さんは、そのとき、ある話を耳にしました。それは大晃くんがディズニーシーに行きたがっている、ということ。夢をたずねたときには、そんな話はまったく出てこなかったのに……なぜだろう？　不思議に思った兼森さんは、大晃くんにその理由を訊いてみました。

「どうしてディズニーシーに行きたいの？」

話すことも字を書くこともできなくなっていた大晃くんは、ゆっくりと五十音の文字盤を指さし、こう伝えたそうです。

「16年間、孝行らしいことをしなかったから、お母さんを喜ばせたい」

ちょうどそのころ、ディズニーシーがオープンしたばかりで、とても話題になっていました。それで大晃くんはお母さんをディズニーシーに連れて行ってあげたいと考えていたのです。そして、そのために、ベッドから降りて車椅子に乗る練習を繰り返している、というのです。

大晃くんの新たな夢。それは子をもつ母として、胸をうたれるものでした。なんとしても、夢をかなえるお手伝いをしてあげたい。でも、メイク・ア・ウィッシュには「夢をかなえるのは一回だけ」という約束事があります。

「個人的なお付き合いとして、大晃くんの夢をバックアップしよう」

こうして、大晃くんのことを知る数人のボランティアさんたちと、夢をかなえるための準備を始めました。

しかし、いくら「個人的に」とはいえ、はっきりとは公私を分けられない部分もあります。

たとえば、大晃くんの体力を考えると、ディズニーシーまで日帰りで行くことは困難でした。ということは、ディズニーシーの近くでホテルを予約しなくてはなりませんが、このころはオープン間もない時期で、どのホテルも連日満員。そこで、日頃からお付き合いのあるホテルに連絡をして、「プライベートなのですが……」と断ったうえでご相談させてもらったりしました。

もちろん、宿泊費用などはご家族が負担しました。それでも、「メイク・ア・ウィッシュの大野さん」とホテルの方は思っているわけですから、職権乱用していると言われても仕方ありません。つくづく私は事務局長に向いていないのかもしれない、とも考えました。

でも、たとえ、そうだとしても、「お母さんを喜ばせたい」という大晃くんの願いをかなえてあげたいと思ったのでした。

## 沈黙の「ありがとう」

大晃くんのいるホスピスに、ディズニーシーへ向かうために手配したリフトカーが迎えにやってきました。お母さんとおばあちゃん、弟の久倫くん、兼森さんとホスピスの看護師さんもいます。

リクライニング式の車椅子に乗った大晃くんは、家族に囲まれてディズニーシーを堪能しました。アトラクションではお母さんが、痩せてしまったとはいえ身長の高い、しかも硬直した大晃くんの身体を抱きかかえて、ふたりで寄り添いながら楽しみました。

お母さんは小柄な方で、とてもそんな力があるようには見えません。細くて、でも力強い腕。そのあたたかさが、大晃くんのなかにお母さんを思う気持ちをふくらませたのかもしれません。そして、お母さんは大晃くんを抱きながら、そのやさしさに包まれていたのかもしれません。

秋の穏やかな風が吹き、まぶしい時間はゆるやかに過ぎていきました。


その日の夜、私と兼森さんは小さな計画を立てていました。

ちょうど2日後に17歳の誕生日を迎える大晃くんのためにサプライズでお祝いをしようと、ホテルの方にケーキを注文していたのです。

ホテルでは、ケーキを持ってスタッフの方が6人ほど集まっていました。

「ぜひ、私たちにもお祝いをさせてください」

うれしい申し出に「もちろん！」と声をはずませ、私たちは大晃くんのいる部屋に向かいました。チャイムを鳴らすと、びっくりした様子でお母さんが出てきました。

「ちょっと早いんですが、大晃くんの17歳の誕生日のお祝いをしたくって」

私たちの話を聞いて、お母さんはすぐに、ストレッチャーの上に横たわる大晃くんに文字盤でそのことを伝えてくれました。

ハッピー　バースデイ　トゥ　ユー
ハッピー　バースデイ　トゥ　ユー
ハッピー　バースデイ　ディア　ヒロくん
ハッピー　バースデイ　トゥ　ユー

みんなで歌う、ハッピーバースデイ。そのメロディは大晃くんに届きません。

なのに歌が終わると、大晃くんはほとんど動かせない手を、まっすぐに上げました。

ゆっくり、ゆっくり。やがて震える右手は、宙に止まりました。


その日、ディズニーシーで突然、大晃くんが兼森さんに文字盤を使って話しかける場面がありました。

視力のあった左目は視野が狭くなっていて、文字を追いかけることもままなりません。

それでも懸命に、文字盤の上を震える指でなぞっていきます。

「しゆわてありかとう」

兼森さんは首を傾げました。大晃くんは根気よく「しゆわてありかとう」となぞり続けます。


「しゆわてありかとう……手話でありがとう、ってこと？」

大晃くんは、〝手話でありがとうをどうすればいいのか〟とたずねていたのです。

耳が聞こえなくなったとき、ご家族は大晃くんに手話を習うようにと言いました。でも、16歳の大晃くんは頑としてそれを受け付けなかったそうです。大人でさえ、病気を受け入れることはたやすいことではありません。ましてや16歳という多感な年齢で、目まぐるしい身体の変化を冷静に見つめることは、とてもつらいことでしょう。

ところがいま、大晃くんが訊いている。手話でありがとうはどうやるの？と。

「こうやって、やるんだよ」

兼森さんが、左手の甲に右の手のひらを直角にのせたあとに、右手をまっすぐに上げて見せます。それから、大晃くんは何度も何度も、その動きを繰り返しました。

そして。

静かな部屋のなかで、大晃くんはもう一度、「ありがとう」と言ったのです。

それは、不思議な空間でした。

動くこともできず、耳も聞こえず、目もほとんど見えない。その大晃くんのまわりは、静けさと、明るさと、やわらかさと、平安と、神々しいまでの光があふれていたのです。

あまりに圧倒的な風景に呆然としていると、取り分けられたケーキが手渡されました。

「ケーキ、食べようね」

チューブでしか食事をとれないため、お母さんは指でケーキの生クリームをすくい、それを大晃くんの唇に運びます。

私はケーキを味わう余裕も失い、ただ咀嚼をしました。甘い甘い生クリームはまろやかに喉を下っていくのに、いまにも咽せ返りそうなのです。

お別れのあいさつをし、部屋を出た兼森さんと私は、言葉もなく廊下を歩きました。

気づいたときには、涙が頬をつたっていました。隣の兼森さんも同じように、黙ったまま、泣いていました。

## 死という恐怖の淵で

大晃くんからあふれていた、まばゆい光。しかし、不信感や理不尽さでいっぱいだった大晃くんの心が変わっていく過程には、さまざまな出来事があったそうです。

大晃くんは病気の告知を受けていました。いまの医療の技術では自分の病気を治すことはできない、ということも。

自分の病気は治らない。

頭のなかではわかっていても、こんなに多くの人が自分のことを祈っていてくれる。だからきっと病気は治ると大晃くんは信じていたそうです。

ひどいふらつきと、襲いかかる嘔吐。この病状で家で生活をするのは無理だというお母さんの判断でホスピスに入ったのですが、大晃くんはなんのためにここにいるのかわからない状態でした。そう。奇跡を信じていたから。

でも、奇跡は起こりません。

日に日に見えなくなっていく目。深まり、強くなっていく不安。

ある日、大晃くんは看護師さんに「ガムテープを持ってきてほしい」と頼みました。ほとんど動かない手でガムテープを引きちぎり、口と鼻を押さえつけ……大晃くんは、死のうとしたのです。

それに気づいたお母さんは、あわててガムテープを取り上げました。

すると、大晃くんは、お母さんにこう伝えたそうです。

「生きていても仕方がない。早く殺して」

大晃くんはクリスチャンで、小さなときから四谷にある聖イグナチオ教会に通っていました。教会の神父さんは、大晃くんにメールを送りました。

「治るか治らないかは、神様にしかわかりません。私が言えるのは、神様が大晃くんのことを大事に大事にと思っているに違いないということです。

大晃くんは強い男です。力強くこの大きな道を立派に歩んできました。しかしいまから運転席を神様に譲って信頼をもって神様の選ぶ道に自分を任せていく時期だと思います」

大晃くんが神父さんから聞きたかったのは、神様は本当に奇跡を起こし、病気を治してくれるのだろうかという、その一点でした。だから、そのメールは大晃くんが教えてほしかった答えではなかったのかもしれません。それでも、もがきながらも、大晃くんは恐れと必死に闘い始めました。そんな大晃くんを、ホスピスのスタッフや神父さん、友だち、そしてお母さんは見守り、励ましました。

どんなにつらくても苦しくても、それでもやっぱり自分でいたい、ここにいたい。死に向かう人生に身を委ねることなど、できない。――それは、人として当然の想いでしょう。

でも、大晃くんは教えてくれました。

どんなつらくても苦しくても、どんなに不確実でなにが起こるかわからない、そんな先の見えない不安のなかでも、人は感謝し、喜び、生きていけるということを。

家族や友だち、支えてくれるすべての人々が、どんな状況でも、人を立たせていくのだということを。


お母さんは、このように書かれています。


「その夜、泊まっていたホテルに兼森さんと大野さんが大晃のためにバースデイケーキを持って訪ねてきて下さいました。ホテルの人たちと一緒にハッピーバースデイを歌うと、大晃はその日習ったばかりの手話で『ありがとう』と言いました。お祝いの歌は大晃の耳には聞こえなかったでしょうが、心に魂に響いたのです。

ディズニーから戻って数日後に、大晃の両目は完全に見えなくなりました。耳が聞こえず目も見えないという想像もできないような恐怖の中にあっても、大晃は『ありがとう』と言い続けました。もう腕を動かすことも難しくなっていましたが、渾身の力を振り絞って、かすかに手を動かし、ひたすら手話で『ありがとう』と伝え続けたのです。自分が一番苦しい状態に陥ったとき人に感謝ができるようになる。あの大晃が、です。これはいったい何なのでしょうか。

大晃の心を変えたのは愛でした。

多くの人が自分の幸せを願い自分のために祈ってくれているということを感じ取ったとき、大晃の心は感謝に満たされたのです。愛だけが人間を幸せにする、そのことを大晃は人生の最後に自らの身をもって教えてくれました。

それからの大晃は平和で清らかな空気を漂わせ、横になっていました」

2002年3月。四谷の土手は満開の桜で、美しい桃色のトンネルができていました。聖イグナチオ教会でおこなわれた大晃くんのお葬式は、春のふんわりとした色で充満していました。大晃くんの絵の具箱のなかの、とりどりの色たち。そのきれいな色たちがひとつずつ、みんなのなかに馴染んでいくような……そんな時間でした。

私のなかにはいまも、大晃くんがいます。感謝の言葉がいくつあっても足りないくらい、大切なことを教えてくれた大晃くん。

だから、今日ももう一回。まっすぐ、ゆっくり、空に向かって右手を上げながら……。

「ありがとう」

大晃くんのイラストをあしらいデザインされた、メイク・ア・ウィッシュ オブ ジャパンのTシャツ。14～15歳の少年の手によるものとは思えない、精巧なタッチ。

「いちばん大切なもの」
というメッセージ

小さな女の子が私にくれた贈り物。
そこには〝手と手をつなぐ〟というメッセージがありました。
私にとって、そしてメイク・ア・ウィッシュにとって、
小さな女の子がくれた贈り物は、
大きな大きな宝箱となったのです。

「自分の絵本を出版したい」
という夢をかなえた、
清水美緒《しみずみお》ちゃんのお話をしたいと思います。

ボランティアの原さんが、「これ、すごくよくできているんですよ」と見せてくれたものは、かわいいイラストが表紙に描かれている冊子でした。

『いちばん大切なもの』

表紙をめくると、それは台本でした。

〈へんてこ山〉の〈ほんわか森〉に住む6頭の動物たちは、いつももめごとを起こしてばかり。そんな動物たちが、宝を探すため、冒険に出かけることになって……。

この台本は、養護学校でおこなわれた学級劇のために、清水美緒ちゃんが書いたものでした。

美緒ちゃんのかなえたい夢は、「大好きなアイドルに会いたい」でした。

ただ、そのアイドルからは、つい先日も違う子どもの夢のご協力を断られたばかり。今回も難しいだろう……そんな話をしていたときに、ボランティアの原さんが美緒ちゃんから借りてきた、『いちばん大切なもの』の台本を私に渡してくれたのです。

美緒ちゃんは、本が大好きでした。物語を考えることが好き、絵を描くことが好き。台本を読めば、ユーモアをもった女の子であることが伝わってきました。

『いちばん大切なもの』を絵本にするというのは、どうだろう？

このアイデアを、さっそく病院にいる美緒ちゃんに提案してみました。

「そんなこと、考えてもみなかった！」

答えはその場で、すぐに返ってきました。

「本にしたい！『いちばん大切なもの』の本をつくりたい！」

2002年1月。これが、美緒ちゃんの夢の始まりでした。

そして、メイク・ア・ウィッシュにとって〝いちばん大切なもの〟を知ることの、始まりでもありました。

## しっかり者の美緒ちゃん

美緒ちゃんの「『いちばん大切なもの』を絵本にしたい」という夢が決まったころ、メイク・ア・ウィッシュにはテレビ番組を制作するクルーが取材にやってきていました。

「夢をかなえる子どもたちの、ドキュメンタリーをつくりたいんです」と、事務局のドアを叩いてくれたのは、森さんという女性のディレクターです。

私は、森さんに美緒ちゃんの夢の話をしました。

物語をつくって、空想の世界のなかで遊ぶ美緒ちゃん。私は森さんに美緒ちゃんの話をするうちに、自分が子どもだったころのことを思い出していました。

――満月の夜には演奏会があって……森にはすみれの花で編んだじゅうたんが敷き詰められていて……王子さまがやってきたら魔女が出てきて……

頭のなかで動き出す物語。私にも、森さんにも、ひとりでそうやって空想を楽しんだ幼い時代の記憶がありました。

そういう意味でも、美緒ちゃんの夢は共感できるものだったのです。

「絵本をつくる……いいですね。ぜひ、美緒ちゃんの取材をさせてください」

しかし、テレビ取材の依頼に対して、美緒ちゃんのご両親は難色を示されました。

美緒ちゃんは当時、12歳の小学6年生。9歳のときに急性リンパ性白血病の告知をされ、1年間の入院生活を送りました。退院後は学校にも戻り、元気に過ごしていましたが、2001年5月に再発。11月には骨髄移植を受け、埼玉の小児医療センターで入院生活を続けている最中でした。

抗がん剤を用いた化学治療には、さまざまな副作用があります。苦しむ姿をビデオで録画するのは……。ご両親の表情が曇ったとき、明るい声で返事をしたのは美緒ちゃんだったそうです。

「私が主人公なんて、すごい！」

そう。いつも美緒ちゃんは元気でした。「こんにちは」「来てくれて、ありがとうございます」と、きちんと礼儀正しくあいさつができる優等生でありながら、冗談で人を笑わせることもできる、クラスの人気者タイプ。その快活さには、闘病中であることを感じさせない強さも隠されていました。

そんな美緒ちゃんの言葉もあり、ご両親は取材を引き受けてくださいました。こうして、絵本の制作とテレビの取材がスタートしたのです。

## 夢のパートナー探し

まず、美緒ちゃんには数冊の絵本を見てもらいました。絵本のなかで、美緒ちゃんの文章につけるイラストの方向性を決めるためです。

本当は、絵も美緒ちゃん自身が描くことができればよかったのですが、担当医の先生から「時間は、あるとはいえません」と言われたこともあり、プロの人にお願いしようと決めたのでした。

美緒ちゃんの希望は、いわさきちひろさんの絵のようにやわらかいタッチのもの。そのとき、私の頭のなかに金斗鉉さんの絵が浮かんできました。

金さんは私の友人であり、以前にも、沖縄の海を見に行きたいという夢をかなえた女の子のことを描いた絵本『たまみちゃんの青い海』のイラストを担当してくれた方。絵のすばらしさも当然ながら、懐の深さや温厚な人柄が一緒にいる人たちを心やすらかにする、そんな魅力をもった人です。

広げた数冊の絵本のなかから美緒ちゃんが選んだのは、金さんの本でした。

「これがいい！　この絵、すごく気に入った！」

美緒ちゃんの返事を受け、私は金さんに絵を描いてもらえないかと頼みました。

「すてきな女の子がつくった、すてきな物語なんだ。……どうかな？　引き受けてもらえる？」

金さんは、すぐに「うん、いいよ」と言ってくれました。

「あの……ギャラは出せない仕事なんだけど、大丈夫？」

恐る恐る切り出した私に、金さんは微笑み、頷きます。

ちょうどこのころ、金さんの奥さまはがんで闘病中でした。詩人である奥さまはしっかりと死を見つめ、金さんは気丈な奥さまをあたたかく支えていました。そんな時期だったからこそ、なおさら美緒ちゃんの想いに応えようとしてくれたのかもしれません。

これで、本格的に制作に取りかかることができる。私は一安心しながらも、担当医の先生の「時間がない」という言葉が引っかかっていました。

〝美緒ちゃんはどんどん元気になっていっているように見えるけれど……〟

普通は最低でも6か月はかかるという絵本の制作。それを半分の3か月でおこなうことに決めました。

## 美緒ちゃんの夢の世界

『いちばん大切なもの』の物語には、もともと美緒ちゃんが描いた絵がありました。絵のかたわらには、登場人物のヘビやうさぎ、スカンク、魚など、それぞれの解説が書き込まれていて、これがとてもユニークなのです。

たとえば、ヘビのコブリンは、なぜか尻尾に鉄アレイが巻き付いています。美緒ちゃんの解説によると、コブリンが想いを寄せているスカンクのモーちゃんのために常に鉄アレイで鍛えているから。また、うさぎのうさちゃんは、勇気がなく、恐がりさん。カブトムシのカーブは、食いしんぼう……といったふうに、動物たちのパーソナリティも書かれています。これは美緒ちゃん自身の性格が、ひとりひとりに割り当てられているのだそうです。

ノートいっぱいに広がる、美緒ちゃんの絵のみずみずしさ。打ち合わせに訪れた病室で「この子はね……」と動物たちを指さしながら、美緒ちゃんは夢の世界の一端を金さんと私に説明してくれます。

この物語をひとりで空想した日々にも、彼女は病気と闘っていました。それでも心のなかに豊かな感性を息づかせ、空想を言葉にし、絵にしていた……。これがかたちとなったら、どんなにすてきだろう！　私の胸は、ノートを眺めているだけで躍り始めました。

——でも、絵本に仕上げるためには具体的にどうすればいいのか。その肝心な部分が素人の私にはさっぱりわかりません。

そんな私の隣で、金さんは美緒ちゃんからキャラクターの設定について細かく話を聞いていました。ふたりの気持ちはすっかりうちとけたようです。

それからしばらくして、再び美緒ちゃんのもとへ打ち合わせに向かいました。金さんは鞄のなかから、画用紙の束を取り出します。

「美緒ちゃんの書いた物語を、こういう感じでページに割ってみたんだけど、どうだろう？」

きれいに綴じられた画用紙には、美緒ちゃんのノートを叩き台にしたキャラクターが金さんの絵となり、紙の上を生き生きと駆けまわっていました。台本をどのようにページに振り分けていくか、そして、つけられる絵はどんなものか、それらがひと目でわかるように、下書きを完成させてきてくれたのです。

「うわー、すごいねえ！」

美緒ちゃんは声をあげました。

「次は、これに色をつけてくるからね」

金さんが綴じられた画用紙を静かに鞄に戻すと、美緒ちゃんは小さくお辞儀をしました。

「楽しみにしています」

そう言った少し低い声は、大人びた雰囲気を漂わせて響きました。

病室の窓の向こうに見えるのは、芽吹きはじめた若草の緑。その春、美緒ちゃんは小学校を卒業し、新たな一歩を踏み出しました。

## 「元気を出してほしい」

4月に入り、私と金さん、そしてテレビの取材クルーは、さいたま市にある美緒ちゃんの自宅を訪問しました。絵の色づけが完成したので、その確認を美緒ちゃんにしてもらうためです。

スプレーで吹き付けられたようにラフにのせられた鮮明な色は、動物たちに生きものの温度を与えていました。

「こんな色のつけ方があるんだー」と驚いた美緒ちゃんに、金さんはその技術を伝授。美緒ちゃんは「新しい技、発見！」と大喜びです。

でも、ものづくりに関しては、美緒ちゃんも厳しく冷静な目の持ち主。さまざまなアイデアが金さんに投げかけられます。

「ねえ、ここは牙がはえた何か……たとえば食虫植物がいるっていうのは？」

「枯れている花があると、もっと良くなるかもしれない」

こうして、美緒ちゃんの世界は丁寧にかたちになっていきました。

ひととおり打ち合わせを終え、金さんは美緒ちゃんに絵筆を手渡しました。美緒ちゃんにも、絵を描き添えてもらうことになったのです。

ページの端に咲いた花から、顔をのぞかせニッコリと笑う女の子――それは美緒ちゃんの自画像でした。

実は、この日の打ち合わせの前に、美緒ちゃんからこんな提案がありました。

『いちばん大切なもの』が完成したら、この本を病気の子どもたちにプレゼントしたい。

理由をたずねると、美緒ちゃんは答えました。

「私と同じように病気と闘っている子たちに、元気を出してほしいから」

――自分自身がつらいときでも、人を思うことができるたくましさ。美緒ちゃんのもっている想像力は、とてもとても豊かなものでした。

その日、いつにもまして美緒ちゃんは元気そうに見えました。一時帰宅中ということは、体調がいいのかもしれない。私はそんなふうに思っていました。

しかし、美緒ちゃんの取材を続けている森さんに話を聞くと、実際はそうでもないということがわかりました。

「お母さんが笑った顔を見たのは、久しぶりだったんです」

もちろん、美緒ちゃんの前ではいつも笑顔を絶やさないお父さんとお母さん。でも、2月に受けた血液細胞移植の経過は、かんばしくありませんでした。

「好きなものを食べさせてあげてください。そして、好きなことをたくさんやらせてあげてください」

先生のこの言葉に、お母さんの涙は止まることがなかったそうです。

## 『いちばん大切なもの』

5月の下旬に差しかかったころ、美緒ちゃんの容態の悪化を知らされ、私は金さんと一緒に病院へ向かいました。絵本の完成はもうすぐだよ、がんばって！　そう励ますために。

病室のドアを引くと、部屋は透明のカーテンで仕切られていました。美緒ちゃんは無菌室の、そのカーテンの向こう側にいました。

「ごめんね、調子が悪くて……」

マスクとガウンを身につけて入室した私たちに、美緒ちゃんは開口一番に言いました。そして、熱があり、首筋のリンパ腺が腫れ、痛くて頭を動かすこともできない、ということも。

「そっか……しんどいね。でも、これを見たら元気が出ると思うよ」

私は、封筒から印刷屋さんから届いたばかりの見本刷りをゆっくり取り出しました。少しずつ封筒から見える表紙に、美緒ちゃんの口からは「あー！」という感嘆の声がもれました。

「じゃーん！　まだ見本刷りだから綴じられていないけれど、ここまでできたよ」

手渡すと、美緒ちゃんは食い入るように表紙を見つめます。

「びっくり！　すごい！」

ページをめくるたびに、「ここ、ちゃんと文章が収まったんだね」「色もきれいに出てるね、よかった」と、いろいろな感想が飛び出しました。それは立派な、作家としての言葉でした。

美緒ちゃんにとってこの本は、思い入れや思い出が、そしてメッセージがぎっしり詰まった一冊なのです。

〈へんてこ山〉の〈ほんわか森〉に住む6頭の動物たちは、いつももめごとを起こしてばかりです。

ある日、動物たちは、宝を探すため、冒険に出かけます。

宝探しの最中に巻き起こる、さまざまな困難。みんなは力を合わせて、それを乗り越えていきます。

そして、ついに見つけた宝箱。喜びにわく動物たちが宝箱を開くと……なんと、中身は空っぽでした。

でも、動物たちは気づきます。数々の困難を通して、いつしかかたい絆で結ばれた仲間がいること。そこに生まれた友情こそが宝であり、いちばん大切なものなんだと。

これが、美緒ちゃんが書いた『いちばん大切なもの』です。

ある日は、病院でひとりきりの夜にベッドのなかで。ある日は、家族と過ごす朝の光のなかで。何度も想像し、何度も考え、何度も思い描いて。そうして生まれた、美緒ちゃんの結晶。

「熱が出てしんどかったけど、元気が出た」

その一言を聞いて、私はさらに印刷スケジュールを繰り上げてもらえるよう、掛けあいました。

結晶をかたちにして、その手に渡すとき。それが、美緒ちゃんの夢がかなう日。だから、早く……。


ほどなくして、美緒ちゃんはお父さんの血液でもう一度、血液細胞移植を受けました。移植しても、成功する可能性は限りなくゼロに近い。でも、成功する可能性はゼロじゃない。ご両親は、後者に賭けることにしたのです。

お父さんとお母さんの祈りは、細いチューブを通して、美緒ちゃんの身体に注がれました。

## 夢がかなう日を前に

お母さんからご連絡をいただいたのは、6月2日、日曜の朝でした。

「もう、あまり良くないんです」

電話口のお母さんの小さな声に、私は動転しました。絵本の完成を明日に控え、美緒ちゃんに手渡す瞬間を心待ちにしていたからです。

月曜に納品されるということは、金曜にはできあがっているかもしれない……。私はすぐに印刷会社に電話をしましたが、その日は日曜日。呼び出し音が続くばかりで、誰も出ません。担当者の携帯電話にかけてみても、同じ結果でした。大きな印刷会社に依頼していたため、工場に行こうにも、どの工場でこの本の印刷がおこなわれているのか、知る術もありません。

私は手当たり次第に電話をかけました。なにか糸口が見つかるかもしれないと、考えつくままに受話器を握り、戻し、また握り直して。

「ねえ、なんとかならない？　工場、どこか調べることできない？」

私の切羽詰まった声に、注文をした会社とは違う印刷会社に勤める友人が言いました。

「工場っていっぱいあるから……たぶん、どうにもならないよ」

力なく受話器を置いたとき、ベルが鳴りました。

それは、美緒ちゃんが亡くなったという、お母さんからの知らせでした。

「元気が出たよ」。つらいつらい治療中でも、そう言ってくれたのに。

「できあがるのを楽しみにしているね」。そう言って、笑ってくれたのに。

あと1日。あと1日を急いでいたら……。

悔やんでも、悔やんでも、時間は巻き戻ってはくれません。

美緒ちゃん、ごめんね。本当にごめんね。

ただその言葉をうわごとのように繰り返しながら、でも、と私は思いました。

でも、明日は美緒ちゃんの夢がかなう日なんだ。美緒ちゃんの夢がかなう、素晴らしい日なんだ、と。

私は心に誓いました。明日は絶対に泣かない。泣かないで、美緒ちゃんと会おう。そう自分に言い聞かせました。

## つらいのはきみひとりじゃない

翌日、たった一冊だけできあがった『いちばん大切なもの』を持って、美緒ちゃんの自宅に伺いました。

美緒ちゃんは、お布団のなかで眠っていました。

その姿に、間に合わなかったことがしみじみ悔やまれましたが、なのに、亡くなったという実感はまったくもてませんでした。

お父さんとお母さんは、できあがった絵本を見て、やさしく目を細めました。1日早かったら。たった1日早くできあがっていたなら。そう言ってもおかしくないのに、そんな言葉は決して口にされませんでした。ただ、「できあがったんですね」と、穏やかに呟かれました。

「ねえねえ、美緒ちゃん。ほら、絵本できたよ。美緒ちゃんが描いた絵、ここにあるよ」

枕元に座り、美緒ちゃんに見えるように私は絵本を広げました。

〝ホントだ！　できあがったんだね、美緒の絵本が〟

この場所で、ついこのあいだまで、絵本を金さんと一緒に絵本をつくっていた美緒ちゃん。その少し低い声がいまにも聞こえてきそうで、私は心に決めた誓いを守ることができませんでした。

――美緒ちゃんの提案で病気の子どもたちにこの絵本を贈ることが決まったとき、私と美緒ちゃんは本にしおりをつけることにしました。

「じゃあ、この短冊になにか書いてもらっていいかな？」

そう言って、美緒ちゃんに短冊を渡しました。

私はきっと「本を贈ります」「読んでくれてありがとう」と、そんな言葉を書くのだろうとばかり思っていました。ところが書き終えた短冊は、「つらいのは　きみひとりだけじゃないよ」という予想外の言葉から始まっていました。

つらいのは　きみひとりだけじゃないよ
みんなで一緒に　がんばっていこうよ
てをつないで　さあ
みんなでけんこう　そだてよう

清水美緒

「つらいのはきみひとりだけじゃないよ」。この子は何度、この言葉を自分自身に言い聞かせたのだろうか……そう思うと、私は胸をつかまれる思いがしました。

突然の発病、入院。大変な治療に耐えて退院したのも束の間、すぐまた再発。しかも、今度は病気をやっつけることができない……。短冊を書いたときも、小さな美緒ちゃんは病気と闘うことだけで精いっぱいだったはずです。なぜ私だけがこんな目に遭わなくちゃならないの？と、病気を恨んだり、人に八つ当たりをしたっておかしくないくらいです。なのに、美緒ちゃんはそうしませんでした。

いま、私はつらい。でも、お父さんもお母さんも、お兄ちゃんも妹も、おじいちゃんもおばあちゃんも、養護学校の先生も看護師さんも病院の先生も、みんなつらいんだ。そのことを、美緒ちゃんは知っていました。そして、自分や、自分のまわりだけでなく、顔を見たこともなければ名前も知らない、でもたしかに全国にいるであろう、同じように病気と闘う人びともつらいんだということも。

だからこそ「きみひとりじゃないよ」と、「てをつないで　さあ　みんなでけんこうそだてよう」と、美緒ちゃんはみんなに伝えようとしたのです。

## 手をつなぐということ

6月6日に、『いちばん大切なもの』は書店に並びました。部数は2000部、しかも自費出版というかたちで発売されたので、美緒ちゃんの通っていた書店の数店舗にお願いして置いてもらっていただけでしたが、その後、森さんの番組がテレビで放送されると、事務局には毎日のように注文の電話が鳴り響きました。そして、『いちばん大切なもの』は2万部を超え、いまでも多くの人々の手に取られ、読まれ続けています。

あるとき、美緒ちゃんが私にこう言いました。

「この本を子どもからお年寄りまで、たくさんの人に読んでほしい」

「この本には、金さんと一緒に仕掛けをいっぱいしたから、楽しんでほしい」

楽しんでほしい。それは楽しむという現実からもっとも遠いところにいると思われた美緒ちゃんのメッセージでした。

美緒ちゃんにとって生きるということは、楽しむことや笑うことだったのかもしれません。楽しんで、笑って、感動したり感激したり、そうやってきらきらと光り輝く心をもつことが、生きるということなんだと。

しおりにはメッセージの下に、９人の子どもたちが笑いながらまあるくなって手をつなぎ、踊っている絵が描かれていました。

美緒ちゃんが絵本のなかで言いたかったこと。それはきっと、手をつなぐ仲間がいること、家族がいること、それがいちばん大切な宝物なんだよということだったのではないかと、私は思っています。

つなぐ手と手の、ほんの先のところに手を重ねさせてもらうこと。これがボランティアという仕事です。

子どもの人生をすべて背負い込むことはできません。でも、子どもが歌いたい、踊りたいというときには、一緒になって手をつなぐ。そして、その輪をもっともっと大きくして、そして現実のものにしていく。それがメイク・ア・ウィッシュの活動なのではないか……。美緒ちゃんの絵が、そのことを私に伝えてくれました。

手をつなぐというのは、本当に不思議な行為です。つないであげている、そう思っていたら、自分もまたその子どもからしっかりとつないでもらっているのです。美緒ちゃんがメイク・ア・ウィッシュという活動に、そして私に〝いちばん大切なこと〟をメッセージにして届けてくれたように。

病院や学校、図書館、それぞれの家で。いろんな場所のいろんな本棚に並ぶ、美緒ちゃんの絵本。その夢の結晶は、小さな子どもたちの手垢できらきら光りながら、メッセージを伝え続けているのです。

絵本の打ち合わせをする金さんと美緒ちゃん。美緒ちゃんはさまざまなアイデアを提案。深刻な病状にもかかわらず、制作中、笑顔を絶やすことはなかった。

夢へとみちびくパイロット

夢をかなえた日の感動を大事に大事にしてくれた少年。
たくさんの人たちとの出会い。たくさんのエール。
そのときの感謝の気持ちを
彼は生きる力に、
そして大きなやさしさに変えたのです。

「ボーイング747-400のコックピットに
座りたい」という夢をかなえた、
村川充《むらかわしゅう》くんのお話をしたいと思います。

夢をかなえることはゴールではなく、新しい夢の始まりなんだ。

これは、メイク・ア・ウィッシュの活動のなかで出会った子どもたちが、幾度となく私に教えてくれたことです。

村川充くんの夢は、パイロットになりたい、というものでした。

中学2年生の14歳だった充くんは、2009年にメイク・ア・ウィッシュで「パイロットになってジャンボジェット機の操縦席に座る」という夢をかなえました。

しかし、病気の進行によってその夢が現実にはかなえられないと知っても、彼は「ジャンボジェット機の操縦席に座る」という夢をかなえた経験を、ずっと大切にしてくれました。

18歳になった充くんは、こんな話をしてくれました。

「あのときの経験があったからこそ、いろいろな人に感謝して、いまの自分の人生を受け入れてがんばって生きていこうと思えるようになりました」

たくさんの人たちが、自分の夢をかなえるために力を合わせてくれた。そして、たくさんの感動をくれた。充くんはそのことを、決して消えることのない灯りとして胸のなかで

とも し続けてくれたのです。
そして、充くんは、その灯りを「新しい夢」に変えてくれました。
新しい夢――。それは、メイク・ア・ウィッシュという活動に、大きな力を与えてくれるものでした。

## ジャンボジェット機との出会い

充くんは、４歳のときに筋力が徐々に低下していくデュシャンヌ型筋ジストロフィーであると診断されました。

いつかは自分の足で歩けなくなる日がくる。さらには寝たきりになる日もくるかもしれない……。そう告げられて、お父さんはこう考えたと言います。

「充が元気なうちに、家族で旅行に行って思い出をつくろう。そうしたら、もし寝たきりになったとしても、３６５個の思い出があったなら、一日一個、楽しいことを思い浮かべることができるから」

そうしてお父さんとお母さん、妹の夏美ちゃんと一緒に、充くんはたくさんの場所に出かけました。そんななかで、7歳のときに〝運命の出会い〟を果たします。家族でハワイ旅行に出かけたとき、充くんは生まれてはじめて飛行機、ジャンボジェット機に乗ったのです。

こんなに大きくて、こんなに重そうな鉄のかたまりが、こんなにふわりと空を飛べるなんて……！

そのどきどき、わくわくする気持ちは、家族との楽しい旅から戻っても消えることはありませんでした。どんどんと小さな胸のなかで増していく飛行機への興味。いつしか、充くんは「パイロットになりたい」という夢を抱くようになったのです。

充くん一家がメイク・ア・ウィッシュの存在を知ったのは、申し込みをくれる半年前のことだったといいます。このとき、すでに歩くことが難しくなっていた充くんは、簡易電動車椅子を使用していました。

病院の先生から「難病の子どもの夢をかなえるボランティア団体がある」と聞き、お父さんは「もし、なんでもかなえられるとしたら、なにがしたい？」と充くんに尋ねました。それから半年間、充くんは熟考を重ねました。そして出した答えが、「コックピットで操縦席に座りたい」だったのです。

コックピットの操縦席に座りたい。その夢を聞いたお父さんは「いくらなんでもかなえるって言っても、それはさすがに無理やろ」と笑い、「でも、まあダメ元で申し込んでみよか」と、メイク・ア・ウィッシュに連絡をくれたのでした。

## 難関のミッション

充くん本人への夢の意思確認には、プルデンシャル生命保険の社員で、ボランティアとしてメイク・ア・ウィッシュに参加してくださっている川真田純一さんと向井良さんが出向きました。自宅にお邪魔したそのとき、ボランティアさんたちはみな、充くんの夢を「なるほど」と得心したそうです。なぜなら、部屋にはところ狭しと飛行機の模型がずらり。なかでも、ボーイング747-400はとくに目をひく場所にありました。充くんの口からは「ボーイングの2階に上がってみたいな」「コックピットで写真も撮ってみたい」と、たくさんの夢が次々にあふれ出たそうです。

そうした報告を受け、私はさっそく協力してくれる航空会社探しに取りかかりました。ただ、「これは難題だな……」とも思っていました。

なにせ、コックピットのなかは機密情報が満載。とくにアメリカの同時多発テロ事件以降は、ハイジャック防止のための強化策がどの航空会社でも取られているだろうことは素人にも想像にかたくありません。

しかし、充くんの夢を聞いた瞬間から、私にはある人の顔が思い浮かんでいました。ノースウエスト航空（現・デルタ航空）広報部の髙橋雅治さんです。

ノースウエスト航空は、メイク・ア・ウィッシュの活動に賛同してくださり、いまも社会貢献活動の一環でマイレージプログラムによる支援をいただいています。そうして古くからパートナーシップを築いてこられた理由のひとつには、広報を担当する髙橋さんの力強いバックアップがありました。

私は髙橋さんに電話をし、充くんの夢について相談しました。髙橋さんの返事は、「夢をかなえられるかどうか、調整をしてみますので、少し返事を待っていてもらえますか？」というものでした。

楽天家の私は、「やっぱり髙橋さんに相談してよかった！」と安心して電話を切りましたが、じつは、あとになって訊いたところ、髙橋さんも「これは難しいな」と考えていたそうです。

空港には規制がたくさんあります。たんなる見学ならまだしも、職員やパイロットだけが入れる場所まで許可を取るのは至難の業。しかし、髙橋さんは成田空港と税関へ働きかけをおこない、夢をかなえるための糸口をつかんだそうです。

相談の電話からしばらく経ったある日、髙橋さんから返事がきました。

「調整は完了しました。充くんの夢をかなえましょう」

力強い高橋さんの言葉に私は感謝の気持ちでいっぱいでしたが、このあと、さらに驚くようなプレゼントが待っていたのです。

## 「これで君もパイロットだ」

2009年3月24日。いよいよ夢をかなえるために、充くんは高松空港から飛行機に乗り、まずは羽田空港をめざしました。

私は、はじめて羽田空港で充くんと対面しましたが、そのときの表情をいまもよく覚えています。穏やかな目をしたやさしい顔の充くんですが、なにより笑顔がとってもすてきだったからです。思わず「充くん、ハンサムやねえ！　すごくいい顔！」と言うと、お母さんは「うれしくって仕方がないから」と、はにかむ充くんに代わって返事。そして充くんたっての希望で、みんなで羽田空港の展望デッキへと移動しました。

羽田の滑走路を見下ろすことができる展望デッキでは、充くんはもう真剣そのもの。離着陸する飛行機を一生懸命カメラにおさめます。私は、ボランティアさんたちが充くんの夢を「なるほど」と思った気持ちがようやくわかりました。もう、何時間見ていても飽きないくらい、充くんは飛行機が大好きなんだな。そのことが、横顔からひしひしと伝わってきたのです。

陽が落ちはじめたころ、充くん一家とボランティアさん一行は、明日早朝からのコックピット搭乗を控え、夢の舞台である成田空港近くの「ラディソンホテル成田」に向かうことにしました。

ラディソンホテル成田はリゾート地のような緑に囲まれた豪華なホテルですが、ロビーに入って、みんなびっくり。そこにはノースウエスト航空のクルーでいっぱいだったからです。パイロットやキャビンアテンダントの制服に身を包んだ人たちが行き交う、その景色はまるで海外のよう。この宿泊先を紹介してくれたのは、夢の実現に協力してくれたノースウエスト航空の髙橋さんでしたが、きっと充くんのために〝パイロット気分〟が高まる場所を選んでくれたのでしょう。

朝8時30分、充くんを迎えるために私とスタッフの岡林さんがホテルに到着すると、すでに充くん一家がロビーで待っていてくれました。昨日からずっと顔をほころばせている充くんですが、ここからもずっと笑顔が続くことになります。

なぜなら、特別バスで成田空港に着くやいなや、さっそくノースウエスト航空のスタッフがお出迎え。「全部ノースウエストのグッズだよ」と言いながら、充くんが着ていたトレーナーにピンバッジやボールペンを付けてくれました。

さらに、髙橋さんの案内でノースウエスト航空のラウンジに向かうと、前面に広がる大きな窓のすぐ前には、飛行機がたくさん！　興奮する充くんのもとに、整備士さんがあいさつに来てくれました。

その整備士さんは春田尚宏さんという方で、充くんにやはりノースウエスト航空オリジナルのキャップやＴシャツをプレゼントしてくれただけでなく、この日、充くんのためにコックピットでのメカニック面での説明役を引き受けてくださると言います。航空機を熟知しているベテラン整備士の春田さんは、充くんにとって憧れのような存在。すぐさまふたりはマニアックな会話で盛り上がり、さっそく打ち解けたようです。

「パイロットが来ましたよ」

高橋さんのその声で振り返ると、ベテランパイロットであるバートン・パワーズさんの登場です。パワーズさんは充くんの目を見つめ、手を差し出しました。充くんもパワーズさんの手を握り、ふたりはかたい握手を交わします。そのとき、パワーズさんが取り出したのは、ノースウエストのパイロットである証しであるバッジ。これには充くんの目がひときわ輝きましたが、続けてパワーズさんは自分が着ていたジャケットをその場で脱ぎ、充くんにかけてくれました。

しかも、今度は髙橋さんが充くんの写真が入った機長専用のＩＤカード（イミテーション）をプレゼント。「ここまで準備してくださっていたとは！」と驚きの連続でしたが、すかさず私たちも、用意してきたとっておきのプレゼントを充くんに手渡しました。「Ｓ

ＨＵ」と名前を入れた、オリジナルのパイロット帽です。

「これで君もパイロットだ」

本物の機長ジャケットにパイロット帽、機長専用のＩＤカード。とびきり若いパイロットの誕生です。

## まさか⁉のビッグサプライズ

ついに、大好きなボーイング７４７-４００の機内に入った充くん。アイルチェアという機内用の小さな車椅子に乗り換え、それを乗務員の方が担ぎ上げて２階の操縦室へ向かいます。お母さんと夏美ちゃん、そして私たちボランティアはビジネスクラスの座席で待機し、コックピットには充くんとお父さんが入っていきました。

ドアの先に続くコックピットは、まさに充くんにとって夢の世界です。

コックピットでは、機長席に充くんが、副操縦士席にパワーズさんが座り、細かな機器の説明を受けました。

顔を上げればオーバーヘッドパネルがずらりと並び、目の前には本物の計器やスイッチが手を伸ばせば届く近さにある……。これが、夢にまで見た７４７-４００のコックピット。

そして、ずっと憧れてきた、本物の操縦桿。

多くのパイロットたちがここから見てきた水平線、雲を抜けると広がる空の上の海原、またたく星のような地上の光。――そうした景色が、一気にコックピットの充くんを包み込んだのです。


しばらくすると、機内にはこんなアナウンスが流れました。

「こちらはキャプテン・シュウです」

充くんの声だ！　ビジネスクラスはこのアナウンスに大盛り上がり。と、そのときです。充くんの機内アナウンスのあと、シートベルト着用サインが出てから、なにやら座席ごしに違和感を覚えたのです。

〝えっ……。あれ？　まさか、もしかして、飛行機が動いてる⁉〟

窓を見ると、なんと景色が流れていくではありませんか。それに地上では、飛行機を誘導するマーシャラーの方々が、小雨が降るなかで旗を振っています。

「いま、動いてない⁉」

「ほんと、動いているよ！」

「動かしていいの？　なんで、いったいどういうこと⁉」

ビジネスクラスはまさかの事態に騒然です。だって、髙橋さんには「コックピットに入って操縦席に座らせてほしい」としかお願いしていないし、事前の打ち合わせでも、それ以外の話はまったく出てこなかった。第一、飛行機を動かすなんて、そんなことできるはずもなく、考えもしなかったのだから。

航空機をトーイング(牽引)して地上走行する。これこそが、ノースウエスト航空からの充くんへのビッグサプライズだったのです。

髙橋さんは夢の実現のために税関へ働きかけてくださった際、ある書類を作成していました。その書類には、充くんがどんな子なのか、どんなに飛行機を愛しているのか、そして夢の実現にあたってノースウエスト航空は安全性をこれだけ確保するという説明がしっかりと書かれていました。

その〝熱い〟書類をもとに、今度は整備士の春田さんとコントロールセンターの方が成田空港の担当部署に掛け合いました。春田さんはこう訴えたそうです。

「いちばん空いている時間でいいから、トーイングをやりたいんです」

「夢のためにやりたいんです。絶対に人に迷惑はかけません」

もちろん、こんなことは前例がなく、髙橋さんや春田さんの熱意と安全確保のための用意周到な準備と覚悟があったからこそ、特別な許可を受けることができたのです。

それだけではありません。機体を動かすとなれば、多くの人の力が必要ですが、社内メールで充くんの夢を知ったスタッフたちが続々と協力を申し出てくれました。その数は、180人あまりにものぼったそうです。

空の仕事に憧れ、愛してくれている充くん。その充くんの夢を、自分たちがかなえよう。そうした多くの人々の想いが、この日、キャプテン・シュウを乗せたボーイング747-400を動かしたのです。

なんてすごいこと！　動く機体のなかで私は感動でいっぱいでしたが、これがどれだけ大きなプレゼントであるのかをいちばん理解していたのは、ほかでもない、飛行機についてたくさんの知識をもっている充くん自身だったはずです。

機長席から地上に合図を送り、数多くの空港スタッフに見守られながら、パイロットとしての時間を過ごした充くん。コックピットから出てきたとき、その表情には充実感だけではない、なにかが表れていました。

飛行機を降りると、充くんは集まった報道陣に囲まれて記者会見を行いました。

「ほんとうに感動しました」

「飛行機が好きだから、勉強をもっとがんばって、飛行機に関係する仕事に就きたいです」

充くんは中学2年生とは思えない落ち着いたようすで、多くのカメラの前で堂々と、笑顔でそう答えました。

その姿を遠目で見ながら、スタッフの岡林さんが呟きます。「なんだか充くん、一気に大人っぽくなったね」。私はその言葉に、深く頷きました。

## 前を向いて生きていきたい

夢をかなえたあと、充くんからメイク・ア・ウィッシュに手紙が届きました。

「僕のような、難病の子どもたちのために素晴らしい活動をこれからもがんばってください」

夢をかなえた子ども本人からの、このうえないメッセージ。それだけでもうれしいのに、充くんはその後、なんとメイク・ア・ウィッシュのために、通っていた学校や地元の観光交流館、高松市内のうどん屋さんなど、さまざまな場所に募金箱とメイク・ア・ウィッシュのパンフレットを置いてもらえるようにと活動してくれたのです。

だから、2013年に私が高松市の「高松ロータリークラブ」から講演会のお話をいただいたときは、「ぜひ充くんにもスピーチをしてもらいたい！」と考えました。

当時、充くんは高校を卒業したばかり。システムエンジニアをめざしてパソコンの勉強に励んでいる、と聞いていました。

夢をかなえた日、しっかりと自分の想いを語ってくれた充くん。メイク・ア・ウィッシュの活動の魅力を伝えるのに、充くんの言葉以上のものはないはず。

私のお願いを、充くんは快諾してくれました。


講演会の当日。充くんは夢をかなえた日と同じように、パイロットジャケットとパイロット帽のいでたちで登壇しました。

自分の病気のこと。飛行機に感動し、パイロットになりたいという夢を抱いたこと。そしてメイク・ア・ウィッシュと出会い、数多くの人たちの力で夢がかなったこと。

ひとつひとつの思い出を丁寧に伝えようとする充くんでしたが、このあと、私が知らない、そのときの充くんの気持ちが語られたのです。

「あのころは、飛行機に関係する仕事に就きたいと思って高校に進学しましたが、高校2

年生のときに脳梗塞になり……いろいろと考えて、その夢をかなえることは難しくなったので、あきらめました。

でも、あのときの経験があったからこそ、いろいろな人に感謝して、いまの自分の人生を受け入れてがんばって生きていこうと思えるようになりました。飛行機に関係する仕事に就きたいという夢はかないませんでしたが、いまは、新たな目標に向かって、がんばって生きています。

僕の人生はいつまで続くかわかりませんが、悔いのないように、前を向いて進んでいこうと思います」

僕の人生は、いつまで続くかはわからない。けれど、前を向いて生きていきたい――。この一言に、私はとても驚きました。まだ18歳の少年が、自分の人生の幕が下りる日がくることを冷静に見通し、受け入れ、「前を向いて」生きたいと願っている。「前を向いて」歩んでいる。まっすぐに自分の心と向かい合う、その強さに驚いたのです。

充くんが亡くなったのは、そのスピーチから2年半後。20歳のことでした。

## 充くんの遺言

その電話がかかってきたのは、２０１５年12月19日の夜です。

この日、我が家では少し気の早いクリスマス会を開いていて、着信音が鳴ったときは、家族や友人たちとにぎやかな寿司パーティの真っ最中。みんなでわいわい言いながら、私は呑気なまま、電話に出たのでした。

次の瞬間、私は言葉を失いました。

「充が、14日に亡くなりました」

充くんのお父さんの落ち着いた声とは逆に、私は愕然として頭が真っ白。充くんはあんなふうに話していたけれど、まさか、信じられない――。

とり乱したままの私に、お父さんはこう言いました。

「実は、充の遺言があり、それを大野さんにお伝えしたくて……」

充くんからの遺言。

その内容は、思いもよらないものでした。

ほどなくして、私のもとにお父さんより動画がおさめられたＤＶＤが届きました。

その動画は、亡くなる前々日に撮影されたもので、病室のベッドで横になる充くんが映っていました。

映像のなかの充くんは、まさかこのあとに旅立ってしまうとは思えないくらい、はっきりとした口調で、ビデオカメラを見つめて、こう語りました。

「障害者年金の残った金額は、メイク・ア・ウィッシュに寄付して、難病の子の夢をかなえるのに使ってもらえたら」

難病の子どもたちの夢をかなえられるように、自分のお金を使ってほしい。そして、マスコミの人たちにそのことを知ってもらうことで、もっと活動の輪を広げてほしい。充くんは、「これが最期の自分の意思」と言います。

その顔には、14歳のときと変わらない笑顔が浮かんでいました。


じつは、充くんはパイロット体験をした日をきっかけにして、その後も、多くの人と親交を深めてきました。夢をかなえた当日、ほんとうは充くんと搭乗する予定だったのに仕事の都合で参加できなかった日本人パイロットの今川義典さんは、自分のパイロットジャケットをプレゼントしてくれました。充くんとマニアックな飛行機トークを繰り広げた整備士の春田さんは、充くんが亡くなる直前まで電話やメールでやりとりを続けていたといいます。

さらに、テレビや新聞で充くんが夢をかなえたことを知った人々からも、たくさんの反響が充くんのもとに寄せられました。なかには、同じようにパイロットの夢をもちながらも挫折した人から「充くんに勇気をもらった。もう一度、パイロットをめざします」というメッセージが届けられたこともありました。

夢はかなえたら終わりではない、始まりなんだ。私はずっとそう感じ、伝えてきましたが、充くんにとっても同じだったのでしょう。

充くんにとっての始まりとはなんだったのか。それは、ほかの子どもたちに夢をもってほしい、夢をかなえてほしい、という気持ちだったのではないでしょうか。

高松での講演会で、充くんはこんな話もしてくれました。

「僕のような経験ができたのは、メイク・ア・ウィッシュというボランティア団体の存在を知ることができたからです。僕の体験をいろんな人に話してきて思ったのですが、日本ではまだまだ一般的に知られていないことがわかりました。だから、もっとたくさんの人に知ってもらえれば、僕のように難病で苦しんでいる子どもたちに、夢と希望を与えることができ、その子どもたちも僕のように前向きに生活していくことができると思います。

僕もメイク・ア・ウィッシュのニュースフラッシュ（活動報告）を見て、難病の子どもたちの夢がかなえられた記事を読んだり、その子たちの笑顔を見ると、たいへんうれしく、幸せな気持ちになります」

難病の子どもたちにもっと夢と希望を与えることができたら……。実際、充くんは、メイク・ア・ウィッシュの募金箱の設置だけでなく、充くん自らが愛らしいフクロウをデザインし、石材店で長く働いてきたお父さんが石でそのデザインを彫って置物をつくり、その収益をやはり寄付してくれていました。フクロウ＝不苦労。すなわち、みんなが幸せでありますようにという充くんとお父さんの想いが込められた置物です。

充くんが脳梗塞で倒れて以降、お母さんだけではなく自分も介助をしようと、お父さんは石材店を辞めて昼は充くんの介助、夜は介護施設で働くようになったといいます。そんななかで、充くんはお父さんに「せっかくこんなに一緒にいるんだし、ふたりで何か社会貢献しようよ」と、置物づくりを提案したのでした。

お父さんは、充くんに言い続けたことがありました。それは、障がいをもっているかどうかに関係なく、人は生きている限り人の手が必要なんだ、ということです。

夢をかなえた日の喜びを、自分と同じように難病と闘うほかの子どもたちにも体験してほしい。充くんにとって夢をかなえた日は、憧れのコックピットで操縦桿を握ったことだけではなく、たくさんの人からの「充くんを応援しているよ！」という想いを受け取った日でもありました。

受け取ったバトンをつなぐように、充くんは最期まで「次の子どもたち」のことを考えてくれました。そう。人は、人によって、助けられながら生きていく。充くんは、そのことを実行し続けたのです。


2016年7月14日。充くんが亡くなって7か月が経ったこの日、高松市の充くんの実家で、テレビ局や新聞社の記者が集まるなか、メイク・ア・ウィッシュへの寄付金贈呈式がおこなわれました。

やわらかな陽の光が差し込むリビングに飾られていたのは、ボーイング747-400の模型でした。


充くんが遺してくれた強さとやさしさが、次の子どもたちの夢に、笑顔になる。

充くんはメイク・ア・ウィッシュにとって、子どもたちを夢へと導く水先案内人《パイロット》。

これからもずっと、充くんは私たちのパイロットなのです。

憧れのボーイング747-400のコックピットで。はじめて握る操縦桿と、操縦席からの眺めに、充くんは大興奮。

雪が降るあの町へ

家族に会いたい。
懐かしい故郷に帰りたい。
――そんなつつましい願いを乗せて、
車は冬の町を走りました。
たどり着いた場所に降るつめたい雪。
どこまでも広がる白の世界は、
でも、とてもあたたかく彼を包み込みました。

「山形の家に帰りたい」という夢をかなえた、
庄司真也《しょうじしんや》くんのお話をしたいと思います。

1999年、2月15日、月曜日。

事務局で仕事をしている私に、一本の電話がかかってきました。以前から仲良くさせていただいている『財団法人がんの子どもを守る会』の方からでした。

「私どものほうに『お金を貸してほしい』とおっしゃるお母さんからお電話があったんですが、大野さんのところならどうかな、と思いまして」

——国立がんセンターに入院している子どもの外泊許可が下り、山形にある家に帰りたいと本人が言っている。しかし、民間の救急車を借りるためには到底支払えない高額な料金がかかることがわかった。でも、子どもの希望をなんとしてもかなえてやりたい。そこでお母さんは『がんの子どもを守る会』に一縷の望みをかけて連絡をした……。それが事の経緯でした。

「お母さんのお話だと、お子さんは17歳の男の子。かなりがんが進行しているようで時間がないみたいなのですが、どうですか?」

「ええ、もちろん! お母さんに、こちらまでご連絡くださいとお伝えください」

そう言って電話を切ると、すぐにお母さんから連絡がありました。

「あの、紹介を受けてお電話させていただいた庄司と申しますが……」

「お話は聞きました。私たちは難病の子どもの夢をかなえるボランティア団体です。お子さんが山形のおうちに帰りたいんですね？　明日、病院へうかがわせていただきます」

「はい……」

お母さんは、まだ事情が飲み込めていないようでした。たしかに、突然「夢をかなえるボランティア団体です」と言われても、メイク・ア・ウィッシュの存在をご存じない人には「？」だったことでしょう。


『2月16日　国立がんセンター　庄司真也くんを訪問』

手帳に予定を書き込みながら、私は7年前のことを思い出していました。

「夢をかなえたがっている子どもはいませんか？」

メイク・ア・ウィッシュのスタッフになりたてのころ、夢をかなえるための子どもを探すため、国立がんセンターの先生に話をもちかけたときのことです。

「2週間、遅かったね」

あの言葉が、私をずっと走らせてきました。ひとりでも多くの人にメイク・ア・ウィッシュという活動を知ってもらいたい。ひとりでも多くの子どもの夢をかなえたい、と。

しかし、感慨に浸っている時間はありません。真也くんの夢が〝緊急ウィッシュ〟であることは、お母さんの声からもひしひしと伝わってきたからです。

## ささやかな願い

2月16日、火曜日。国立がんセンター。

「どうもはじめまして」

病室に入ると、真也くんはベッドの上で横になっていました。

「はじめまして、こんにちは」

突然やってきた私に、男の子はちょっぴり身構えながらも、あたたかく言葉を返してくれました。

「今日はプレゼントを持ってきたよー。これ、気に入ってもらえるかな？」

真也くんへのおみやげは、腕時計。「17歳の男の子がもらってうれしそうなもの、あるかなあ」と事務局を物色していたときに、ちょうどいただいたばかりだった腕時計が頭にひらめいたのでした。

「え？　いいんですか。ありがとうございます」と真也くんが喜んでくれたことに安心して、私は本題を切り出しました。病状が悪いことはわかっていたので、早くいちばん重要な〝ひとこと〟を聞かなくてはなりません。

「真也くんは、山形の家に帰りたいんだよね？」

「はい！」

元気よく、一点の曇りもなく。真也くんは力強く返事をしました。


真也くんの病気がわかったのは、ちょうど1年前のことでした。

腰が痛い。高校1年生だった真也くんがそうもらすようになったとき、家族の誰もがさほど深刻に考えていなかったそうです。それがある日、歩けないほどの痛みを訴え、山形県の大学病院で診察してもらうことになりました。

下された診断は、ユーイング肉腫。骨肉腫と同じく骨にできる悪性の腫瘍で、その腫瘍はすでに真也くんの全身に転移していたのです。治療法はない……そう先生に言われても、お母さんはあきらめませんでした。そしてその年の10月、痛みが強くなり、苦しむ真也くんをワゴン車に乗せて、お父さんと叔父さんとともに、お母さんは東京の国立がんセンターにやってきました。最新の治療環境が整ったこの病院へ転院するためです。

冬が来て、イルミネーションに華やぐ東京の街。そんななか、クリスマスもお正月も、真也くんとお母さんは病院で過ごしました。

「山形のみんなは元気でいるかなぁ」

2人でそう話しながら、入院生活を送っていたのです。

その真也くんにはじめて出された外泊許可。

真也くんの行きたいところは、たったひとつ。山形の、家族が待つ家です。

真也くんは大喜びしました。「うちに帰りたい」。真也くんの希望に満ちた顔を見て、お母さんはなんとしても山形へ帰ろうと思いました。

しかし、山形に帰るにも、病気で弱った真也くんには大変なことです。病院からは、介護用品のレンタルやケアスタッフの応援が出せない。民間の救急車を借りるとなると、片道だけで40万円近くかかる。でも、この機会を逃しては、もう山形には帰れないかもしれない……。そのとき、お母さんは『がんの子どもを守る会』に電話をし、そしてメイク・ア・ウィッシュを紹介されたのでした。

## 緊急ウィッシュ

真也くんとの対面を終え、私はすぐに、担当医の先生と看護師長さんに話をうかがうことにしました。

「体力的なことを考えると、いま、この時期にしか帰ることはできません」

真也くんに出された外泊予定日は、3日後。でも早ければ早いほどいいと、先生と看護師長さんは言います。私は急いで事務局に戻り、準備に取りかかりました。

まず、交通手段をどうするか。

飛行機は？　……痛みが激しい真也くんには、離着陸の振動はこたえるだろうな。それに、ユーイング肉腫ということは骨折しやすくなっているはず。ダメだ。じゃあ、新幹線ならいいかも……。あれ、ちょっと待って。山形新幹線ではストレッチャーを乗せられないんじゃないか？　そうなると、時間はかかるけれど車しかないか……。

消去法で車での移動を決めた次は、その手配。病院ではストレッチャーを貸してもらうことができず、私はお付き合いのある病院の先生に連絡してみました。先生も一緒に探してくださったのですが、結果はノー。そうやって調べるなかで、神奈川に介護用のリフトカーを運転手つきでサービスする会社があることがわかりました。問い合わせると、ストレッチャーも貸し出してくれるとのこと。本来なら見積もりを取って検討する時間が必要ですが、今回はそんなことをしている暇はありません。

そして、もっとも重要なこと。それは車中でモルヒネを点滴投与しなくてはならない真也くんに同行するナースの手配です。溝田涼子さんというメイク・ア・ウィッシュのボランティアに来てくれている女性が医療介護機器のレンタルや有資格者を派遣するグループに参加されていたので、そのグループに交渉。溝田さんを派遣してもらうかたちで決定し、さっそく病院の方々と細かな打ち合わせをおこなっていただくことになったのです。

またたく間に時間は過ぎ、気づいたときにはすっかり夜。でも、なんとか準備を整えることができました。

重病の子どもを連れての車での移動。しかも、6時間近くも……。心配や不安を数え上げれば、きりがありません。ただ、ここでひるむと夢の実現は不可能になってしまいます。

「大丈夫、きっとうまくいく」。ひとりごちてみたら、おのずと背筋がのびました。そう、夢に近づく道は信じることの先に続くのだから。


翌日。2月17日、水曜日。

「明日、山形へ帰れるようになりましたよ」

再び病院を訪問し、真也くんとお母さんに報告しました。

お母さんは驚かれたのか、目がまあるくなっています。

「本当に⁉」

病室に、真也くんの跳ねるような声が広がりました。

ひさしぶりの帰郷。真也くんが夢にまで見た山形の風景は、もうすぐそばにありました。

## 山形へ向かって

2月18日、木曜日。午前8時30分。

雲が覆うグレーの空ではあるけれど、めずらしく暖かい東京の朝。医療器具を積み込んだリフトカーが、真也くんを迎えに病院へ到着しました。

「おはようございます」

病室の真也くんは、血色もいい感じ。プレゼントした腕時計を巻いて、表情もほころんでいます。なにより、うきうきする胸の鼓動が聴こえてきそうなほど、目はらんらんとしていました。

しかし、ベッドからストレッチャーに移るのに浴衣がはだけて胸元が見えたとき、私は真也くんの厳しい状況を知りました。膨れた胸部、そこは腫瘍が固まっているのかもしれない……。それでも真也くんは笑顔を絶やすことはありませんでした。

午前9時。ついに真也くんとお母さん、同行ナースの溝田さんと私を乗せたリフトカーが、山形へ向けて出発です。

ストレッチャーに横たわる真也くんの顔は、ちょうど窓の高さにありました。

「隅田川ってずいぶん流れが速いね」

真也くんは満面の笑みを浮かべたまま、ずっと窓の外を見つめています。

「東京にいても病院の窓からしか、外を見たことがなかったから」

真也くんと一緒に上京して以来、お母さんもまた、慣れない土地でがんばってきました。

病院が都心のため、近所のスーパーマーケットへ行ってあまりの物価の高さに驚いたこと、病院の近くに入院患者の家族のための宿泊施設（ファミリーハウス）が用意されていたこと、そしてメイク・ア・ウィッシュをはじめ、病気の子どもを支えるためのボランティア団体があったこと……。

「山形にいたら、知らないことばかりでした」

この半年を振り返るような、お母さんの一言でした。

車は一般道から高速道路に入り、私たちは地図を広げて、これからの道のりを指で追いかけました。そのとき、お母さんの携帯電話の着信音が鳴りました。

「いま、東京を出たところだよ」

電話の相手は、山形で待つお父さんにお兄さん、お姉さん。お母さんはどこを走っているのかを伝えて、電話を切りました。

でも、しばらくすると、再び電話がかかってきました。

「いま、群馬だよ。大丈夫、痛がってないから」

そう言って切ると、また電話が鳴ります。

「まだ高速だよ。心配しないで、真也は元気だから」

きっかり30分経つと目覚まし時計のように流れる着信音。そのうち、電話が鳴ると車中のみんなは笑い声をあげるようになりました。

電話に出たお母さんが、笑いをこらえるように喉を震わせました。

「真也、いまビクターが無理矢理捕まえられて、お風呂に入れられてるって」

ビクターというのは、真也くんがずっとかわいがっていた黒猫の名前です。真也くんの布団にもぐりこみ、毎晩一緒に眠ってきた、真也くんの親友・ビクター。真也くんの帰りを待ちきれないみんなが、真也くんのためにビクターを泡だらけにして悪戦苦闘している様子が目に浮かび、私も、ボランティアスタッフも、運転手さんも、思わず大笑い。真也くんも、お母さんも、おかしくて涙目になってしまいました。

「いま？　宇都宮あたりだよ。……そんなに早くは着かないから」

急かすように繰り返される電話のベルに、お母さんは小さくため息をつきながらも、声をはずませていました。

ディズニーランドに行きたいという子どもの夢がかなうとき、子どもと同じくらい、お母さんもアトラクションやお買い物に夢中になっているということがよくあります。病気の子どもに付き添うお母さんは、毎日が我慢の連続。自分を責め、悔しさに涙し、子どもには笑って接しなくてはならない、そんな日々を忍耐強く送っています。だから、夢がかなう日はお母さんにとっても子どもとともにはじけることができる、特別な時間なのです。子どもが笑顔なら、それはなおさら。

「家に帰ったら、お兄ちゃんのつくるチャーハンと餃子が食べたいな」と真也くんが言うと、今度はお母さんから電話をかけました。真也くんのリクエストを聞いたお兄ちゃんの威勢のいい返事は、電話に耳をあてなくても届きそうなくらい。

うれしいね、うれしいね。そう言葉にしなくても、真也くんの全身からそれは発せられています。喜びが溶け出して、車のなかは幸福な空気で満たされていきました。

## 世界中でたったひとつの場所

立ち寄ったサービスエリアで、私は一目散にカセットテープ売り場へ向かいました。小さな棚に、それは一本だけ残っていました。まるで、今日の日を待っていたかのように。

モスクのようなかたちをした築地本願寺を過ぎたとき、「あ、本願寺だね。ｈｉｄｅさんの葬儀をしたところだね」と真也くんは言いました。

「えー、真也くん、ｈｉｄｅさんが好きなの?」と、私。

「うん、好き好き」と、真也くん。

そんなやりとりがあったので、車でｈｉｄｅさんの音楽をかけられたらいいなと思いついた私は、カセットテープを持って車に戻りました。

ｈｉｄｅさんの歌に合わせて、車はどんどん北上します。サービスエリアで買ったほかのほかのアメリカンドッグをおいしそうに頬張る真也くん。隣でその様子を見守るお母さんにも、出発前の緊張は感じられません。

真也くんは、私の末の息子と同じ年齢でした。朝、私が家を出るときに、大きくあくびをしながら学生服に袖を通していた彼。真也くんも、お母さんも、ほんの少し前まではそんなふうに何気ない朝を過ごしていたのでしょう。そのことを考えると、理不尽さにやりきれない思いが胸にこみあげてきました。


「あ、雪だ！」

福島を過ぎたころ、白々と舞い始めた窓越しの粉雪を、真也くんの目がとらえました。

「雪だ！　雪だよ、お母さん」

真也くんの言葉が、いちだんと大きくなります。

もう一度車を停めたサービスエリアでは、運転手さんが淡い雪をかき集め、車中の真也くんに手渡しました。真也くんの指にあたためられた小さな白い塊は、少しずつ液体に変わります。それでも、真也くんは頬をゆるめ、何度も冷たい表面を撫でました。

車が進むにつれて、降る雪はさらに量を増していきます。

次第に真也くんにも見覚えのある地域にさしかかり、「もうすぐだ」と呟きました。

「このあたりはいつも吹雪なのに、今年は静かだね」

目に見える景色、そのひとつひとつを確認するように、ひとつひとつをいとおしむように、真也くんがささやきます。

そして——。峠を越えると、そこは銀雪の山形でした。

山形の雪。

山形の空気。

山形のにおい。

山形の町並み。

懐かしい故郷に、帰ってきた。窓ガラスに額をぴったりとつけたまま、まばたきもせずに、悠然とそびえる山々に囲まれた町を見つめる真也くんの喜びが、切ないほどに伝わってきました。

「次の信号を右に曲がって……」

「4つ目を左に……」

真也くんの小さな声に合わせて、車はなめらかに走り続けます。

「角から2軒目……」

家が並ぶ住宅街の細い道の、角から2軒目。するとそこには、しんしんと降りしきる雪のなかで、お父さんとお兄さんが白い息を吐きながら立っていました。

広い広い世界のなかで、真也くんがいちばん行きたいと願った、たったひとつの場所。

そこに生まれ、そこで17年間を過ごした、山形の家。

真っ白な風景に、真也くんが育ったこれまでの月日が私の目に映りました。はじめてその足で立った日のこと。はじめて言葉を口にした日のこと。「いってきます」「ただいま」と言って、何度もくぐった玄関のドア。そのたびにこだました「いってらっしゃい」「おかえりなさい」という家族の声。

——雪が降り積もる町に佇むあたたかい家。ついに、真也くんはその場所へ帰ってきました。

## 「山形に帰れてよかった」

山形の家では、真也くんのリクエストに応えて、お兄さんがチャーハンと餃子をつくりました。久しぶりの家族の味に、真也くんの食欲も旺盛です。

「お母さんのズック、これで買って」と、真也くんは自分のお小遣いを出し、お母さんにスニーカーをプレゼントしました。そして家族のみんなには、いちごのケーキをご馳走しました。おいしい、おいしいと、食卓を囲んで家族は真也くんにお礼を言いました。

猫のビクターを抱っこして、入院中のおばあちゃんを電話で励まし、次から次へとやってくるたくさんのお友だちとおしゃべりをして……。

あっという間に、楽しい3日間は過ぎていきました。

「また来ったい」

そう家族に残し、真也くんはまたリフトカーに乗って、東京に帰っていきました。


2月25日。

山形から東京に戻ってきて4日後、真也くんは息を引き取りました。

「山形に帰ったことが、真也の時間を縮めたのかもしれない」

お母さんは思い悩みました。東京に戻り、苦しそうに呼吸をする真也くんに、お母さんは「後悔してる？」とたずねました。

でも、真也くんは何度も何度も繰り返し、こう言い続けたそうです。


「山形に帰れてよかった」

「山形の町、ちっとも変わっていなかった」

「山形に帰ってよかった」

「今年も、山形の雪を見たよ」

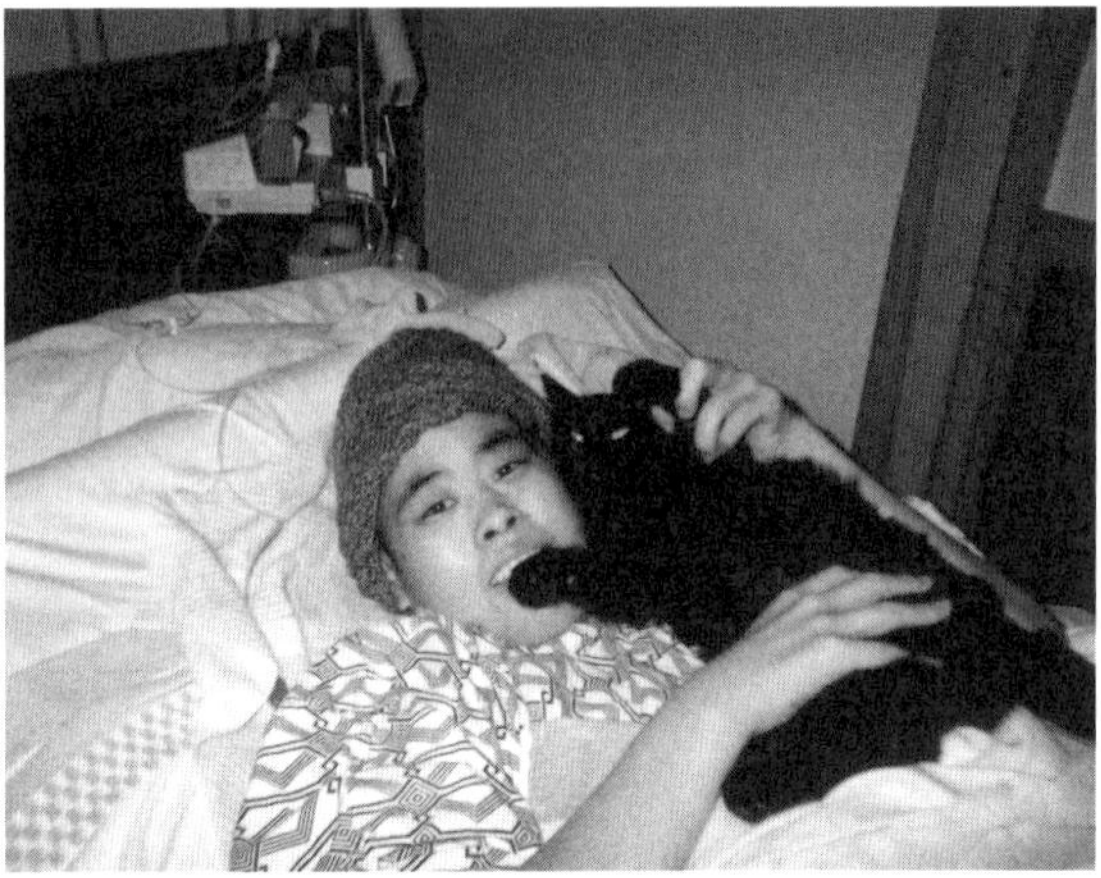

山形の家でくつろぐ真也くん、ずっと仲良しだった黒猫のビクターを抱っこして。楽しい3日間を過ごし「また来ったい」と言って、懐かしい我が家をあとにした。

夢の実現が
ぼくの人生を変えた

14歳でがんと闘うこととなった少年は、
アメリカの広い空の下で、夢をかなえました。
そして30歳のいま、医療の最前線で
命を守る仕事をしています。
彼は言います。
「夢の実現が、ぼくの人生を変えた」と。

「本場アメリカで野球の観戦をしたい」という夢をかなえた、
林《はやし》祐樹《ゆうき》くんのお話をしたいと思います。

「メイク・ア・ウィッシュの種まきおばさん」として活動を始めて22年目。私は事務局長を2016年2月末に定年退職し、その後は理事としてかかわるようになりました。

そんななか、現事務局長の鈴木朋子さんから「こんなすてきなCMができあがりました」というメッセージとともに、一本の動画が送られてきました。それは、公益社団法人ACジャパンによる、公共福祉活動を行う非営利団体の広告活動を支援する「支援キャンペーン」の一環として製作され、2017年7月から放送がスタートしたものです。

「メイク・ア・ウィッシュで夢がかなったことで、次の夢を見つけることができました」

映像のなかでそう語っているのは、林祐樹さん。白衣に身を包み、きりりと締まった表情の彼はいま、診療放射線技師として病院で働いています。

彼は、こうつづけます。

「夢の実現が、ぼくの人生を変えました」

この動画に、私の心は震えました。

夢をかなえたあと、「うれしかった！」とその喜びを全身で伝えてくれる子どもたちの姿は、私にとって大きな力になってきました。もっとたくさんの子どもたちの夢をかなえるお手伝いがしたい、まだこの活動について知らない人たちに伝えていかなくちゃ。原動力は、いつも子どもたちでした。

そうしてメイク・ア・ウィッシュで夢をかなえたひとりの男の子が、今度は自分が人の役に立ちたいという新たな夢を抱き、いま、それをかなえた。そして、次の子どもたちにバトンをつなげるため、ＣＭに出てくれた。

林さんの夢は関西支部が担当したこともあり、私は夢の実現にかかわっていません。ぜひ会って話を聞いてみたい――。「夢の実現がぼくの人生を変えた」という言葉にすっかり打たれた私は、林さんが暮らす大阪へ向かったのでした。

## がんの闘病と、高校受験

「どうも、林祐樹です。今日は大野さんに会えて、とてもうれしいです」

気負いのない笑顔でそうあいさつしてくれた林さん。写真の撮影があると知って驚き、「寝癖、直してきたらよかった。どうしよう」と言って苦笑いを浮かべる姿は、まるでまだ学生さんのような初々しさ。「林さん」というより「祐樹くん」と呼びたくなる感じです。

でも、仕事の話になると一変、責任感を帯びた大人の顔になります。

「診療放射線技師の仕事は、もう毎日が勉強の連続で。検査の装置にしても、どんどん進化していくので、僕が勤務し始めてからいままでの10年だけでもいろいろ変わってきてるんです。もちろん、技術だけではなく、病気についても新しい知識をつけていく必要があって。仕事終わりや休日も勉強会に参加したり、吸収していかなくちゃ追いつかないんですよ」

いまは仕事に情熱を傾け、元気そのものに見える祐樹くん。しかし、夢をかなえるまでには、やはりつらい闘病の日々がありました。

「病気がわかって、入院して手術して治療して……高校のときは、もう治らへんのとちゃうか、と思ったこともあったんです」

祐樹くんが闘った病気、それは骨肉腫という骨にできるがんでした。

左肩にがんが発見されたのは14歳、中学3年生のとき。その際、担当医の先生は「絶対に治る。治療はしんどいけど、必ず治る」と断言してくれたこともあって、祐樹くんに大きな病気だという認識はありませんでした。

けれど、先生が言ったように、抗がん剤による治療はたいへんなものでした。そんなとき、祐樹くんは「すごくつらいし、苦しい。でも、こんなに苦しいのは薬が効いている証拠。絶対治る」と言い聞かせていたと話します。

しかも、祐樹くんは受験生。入試は病室でおこなわれましたが、手術から1か月でまだ左腕はギプスで固定されているため、左手は使えません。さらに、吐き気が襲うなか点滴をしながらの試験です。病室にやってきた試験官の先生は、片手で消しゴムを使えない祐樹くんに「手伝えないから、間違えないようにゆっくりね」と伝えたそうです。


こうしたハンディキャップを乗り越え、入試を無事突破した祐樹くん。それでも、4月の入学式を迎えても入院治療は続き、学校に通えたのは2学期になってからでした。

でも、担任の森先生から励ましを受け、みんなと進級したいという一心で遅れていた勉強をがんばり、冬を迎えたころにはようやく学校生活を楽しむ気持ちの余裕をもてるようになりました。


しかし、その年のクリスマスの日。またしても受け入れがたい現実が目の前に立ち塞がりました。退院後はじめての全身検査。検査画像に映し出された、足の部分の不穏な光。
――がんの転移でした。

この1年、あれだけしんどかったのはなにやったんか？　もう、完治したんやなかったんか？　1年、治療してきたんは無駄になったってことか？

駆けめぐる混乱と、やり場のない怒り。そして、祐樹くんの身体を支配したのは、経験したことのない不安でした。

治療をしても、その1年後にはまた同じことが起こるのではないか。どんなにがんばっても、また違う場所に転移を繰り返すのではないか。この治療には、終わりなんてないのではないか。入院中には小児病棟で同じように闘病する仲間がたくさんいた。亡くなった子もいた。今度は自分も――。

祐樹くんは抱えきれない恐怖にのみ込まれ、ただひとり、泣き続けました。

## 本場アメリカの野球を、この目で

再び始まった闘病生活。しかし、この2度目の入院で、ひとつの変化があったと言います。人見知りだった祐樹くんですが、いろんな人たちに積極的に話を聞くようになったのです。

病棟をあらためて見渡すと、そこにはさまざまな人がいる。年代も違う、同じ病気の人もいれば違う人もいる、でも病気と闘っているのは自分ひとりじゃない。「僕がいちばんしんどい」と思っていたけれど、もっと過酷な治療の最中にも「治す」という目標をしっかりもっている人がいる。「なんで自分ばっかり」と思っていたけれど、みんながんばっているんだ。祐樹くんは、そうやって自分の病気とあらためて向かい合う勇気を得たのです。

そんなときのことです。同じ病室の子が、メイク・ア・ウィッシュで夢をかなえた話を教えてくれました。

どんな夢でもかなえてくれるボランティア団体⁉　自分も申し込んでみようかな。かなえてもらうとしたら……アメリカで野球観戦をしたい！

じつは、祐樹くんは野球少年でした。中学時代は野球部に所属していましたが、肘を故障して「手術を受けなくては続けられない」と言われてしまいました。その後、がんで大きな手術を受けたことを思えば、「そんな小さな手術を怖がっていたとは」と笑ってしまうくらい。でも、病気がわかるまでは、それほど手術や闘病なんて無縁の世界だと考えていたのでした。

野球をプレーすることは諦めたけれど、野球を観るのはずっと変わらず好き。地元・大阪の近鉄バファローズの試合にもよく足を運んでいました。

野球の本場であるアメリカのスタジアムは、一体どんな雰囲気なのだろう……。祐樹くんの胸のなかで生まれた夢が、どんどんふくらんでいきました。

そうしてメイク・ア・ウィッシュに届いた祐樹くんの夢は、実現に向けて着々と準備が進められていきました。かなえられたのは、翌年の7月。祐樹くんにとって高校最後の夏休みでした。

家族そろってはじめての海外旅行。はじめてのリムジンに乗り、はじめての英語が飛び交う街を歩き、そうしてたどり着いたはじめてのスタジアム。

目の前に広がる光景は、日本とはまるで違いました。グラウンドと観客席を隔てるフェンスは低く、臨場感は別次元。そして何よりも驚いたのは、ファインプレーには、敵・味方に関係なくスタンディングオベーションで声援を送ることでした。

投手が放つ剛速球には息をのんで集中し、スター選手たちの神業のようなスーパープレーが飛び出せば、全身で感動を表現する。言葉の壁を越えて、フィールドと一体となる自由さ、楽しさ、喜びを分かち合う濃密な空気に、祐樹くんはついこの前まで耐えてきた治療のことなんて全部忘れてしまうほど。なにもかもが新鮮な時間でした。

でも、この夢の実現では、もうひとつ、祐樹くんには心に残っていることがあると言います。それは夢をかなえたあと、祐樹くんのウィッシュチームの担当ボランティアである井上啓《あきら》さんが口にした言葉です。

「この夢は、祐樹くんがかなえたんだよ。祐樹くんがメイク・ア・ウィッシュに申し込んで、祐樹くんがアクションを起こしてかなえたものなんだ。もちろん、いろんな人が応援してくれたけど、でも、それは祐樹くんがスタートラインを切ったからだ。君がなにもしなければ、すべては始まらなかった。祐樹くんが踏み出した一歩が、この夢を成功させたんだよ」

祐樹くんは夢を〝かなえてもらった〟んじゃない。自分がかなえたんだ――。

アメリカという地からもらった力、そして、井上さんからのこの言葉で、祐樹くんは変わりました。

## やりたいことを、あきらめない

自分はみんなとは違う。みんなは普通に使える腕が、僕は自由には使えない。自分はなにもできない。人の迷惑にはなっちゃいけない。……祐樹くんは、病気がわかってからというもの、そんなふうに考える癖がついていました。たとえばアルバイトをするときも、印刷工場などの表に出ない仕事を選びました。ひっそりと陰に隠れて自分は生きて行くんだろう。そう思っていたのです。

それが、アメリカから帰国して、がらりと考え方が変わったのです。

自分が想いを発信して、メイク・ア・ウィッシュの人たちが動いてくれた。僕の小さな想いを受け止めて、いろんなたくさんの人が動いてくれた。そうして、あの夢は実現した。やりたいと思ったことはやってみなくちゃ、どうなるかなんてわからない。

「どうせ自分なんか」なんて、もう言わない。自分の気持ちを、動く心を大事にしたい。まずはなんでも、自分からあきらめずにやってみよう。

そう決めた祐樹くんの行動は、とても素早いものでした。

最初に骨肉腫だとわかったときも、転移がわかったときも、いつも祐樹くんの治療に切っても切り離せないものだったのが、レントゲンやCT、MRI、核医学などの放射線による画像診断。そのすべてに技師がかかわっていました。そう。技師になれば、全部にかかわることができる。

僕は、放射線技師になりたい。

高校3年の夏、こうして祐樹くんは「新しい夢」をかなえるため、動き出したのです。

その背中を、1年からずっと担任として見守ってくれた森先生は強く後押ししてくれました。

「近くに専門学校があるぞ、話を聞きに行ってみるか」

その助言を受けて出向いた専門学校の説明会で、祐樹くんは腕に障がいがあることを伝えました。すると、担当者の人は、「技師の仕事には差し支えない。大丈夫だよ」と言いました。

アメリカに行く前なら、思ったそばから絶対にあきらめていた夢。でも、あきらめずに扉を押してみたら、その先が続いていた——。

がんの転移がわかったあのクリスマスの日、絶望に押し潰されそうになって、ひとりで泣くしかなかった夜には、考えもしなかったこと。

ボランティアの井上さんが言った「祐樹くんが踏み出した一歩が、この夢を成功させたんだよ」という言葉のとおり、祐樹くんは夢に向けて、またさらに一歩を踏み出しました。

そうして専門学校に進んだ祐樹くんは、目標に向かって懸命に学び、見事に国家試験を突破。診療放射線技師になる、という夢をかなえたのです。

## 次は自分が……

しかし、いまでも病気の不安は完全に取り除かれたわけではありません。先日も肩の人工関節を入れ直す手術をおこなったと言いますが、がんの転移から10年が経過し、完治と言える状態になったとはいえ、半年に一度の検査を怠りません。念には念を。発見は早ければ早いほどいい。病気を「見つける」側になり、よりいっそうそのことの大切さを感じています。

ですが、祐樹くんは高校3年の夏をきっかけに、とにかく好奇心でいっぱいの、エネルギッシュな青年になりました。

専門学校に通うかたわらに始めたアルバイトは、人と接する仕事を選びました。高校時代は抗がん剤治療の副作用で髪を伸ばせずにいたこともあって、専門学校に入るとおしゃれな茶髪にチャレンジしたそうです。

さらに、はじめてのアメリカ旅行のときは飛行機が怖かったという祐樹くんですが、すっかり異文化にふれる楽しさに目覚め、お金をコツコツ貯めては東南アジアや沖縄など、積極的に旅へ出かけるようにもなりました。

昨年には、2度目のアメリカへ。今度は恋人と一緒です。

「始まりの場所」を、大事な人と旅したい。残念ながら大好きな野球を観ることはできなかったと言いますが、なんと今年の春、その恋人と祐樹くんは結婚。同じように医療の現場で看護師として働く彼女と、新たな生活をスタートさせました。

また、もうひとつ、祐樹くんが始めたことがあります。それは、メイク・ア・ウィッシュのボランティアです。

祐樹くんがはじめて夢の実現に立ち会ったのは、小さな男の子でした。夢は、「パソコンがほしい」というものです。

「ほかのボランティアさんに聞くと、病床にいてなかなか動けない子も多いから、パソコンがほしいという夢は結構あると聞いていたんですね。でも、その男の子は、本当にまだ小さいのに、すっごくパソコンに詳しくて。〝自分にとって夢のパソコンはこう！〟っていう紙まで書いていてくれたくらいなんです」

前述したように、メイク・ア・ウィッシュでは「パソコンがほしい」という夢に対して、ただパソコンをプレゼントするわけではありません。夢をかなえるワクワクする気持ち、時間をプレゼントすることはもちろん、ボランティアの井上さんが祐樹くんに語りかけたように、「君が夢をかなえたんだ、君の力が多くの人を動かしたんだ」ということを知ってほしい、その想いがいちばんにあります。

そのことを、祐樹くんはよくわかっていました。

「夢の実現の日はね、一緒に夢のパソコンを選ぼう！ということで、買いに行ったんです。もう、店員さんもびっくりするくらいの知識があって、しっかりやりとりしてね。そうやってじっくり選んだあとは、『じゃあ、次はマウスを選ぼうか』って。夢のパソコンを自分が選んだんだ！と、そう思える時間になればって」

夢を実現させて、それをきっかけに次の夢を見つけ、挑戦し、かなえた祐樹くん。夢の力を信じる彼が、今度は自分に大事な言葉を語りかけてくれた井上さんの立場になってくれたのです。

さらに、この夢の実現に立ち会って、祐樹くんはこんなことを感じたそうです。

「はじめて自分が夢のお手伝いをする立場になってみて、本当によくわかりました。『そんなに笑顔になってくれてありがとう。僕に笑顔を向けてくれてありがとう』って、心から思ったんです。僕も体験したことだけど、キラキラした時間とか瞬間がそこにはあって……。夢をかなえるお手伝いをさせてもらうということは、こんなにもすごい力をもらえるんだって、知りました」

## 「みんな」の力

祐樹くんの話を聞きながら、私は、人の力というものについて考えていました。

病気と闘いながら高校に入学し、3年で卒業した祐樹くん。そんな彼を支えたひとりが、担任の森先生です。

森先生は、闘病で1学期と3学期をまるまる登校できなかった祐樹くんに、「がんばって、勉強を追いついて、絶対にみんなで2年に進級しよう」と目標を掲げました。その言葉に励まされ、祐樹くんは入退院を繰り返しながらも、友だちに恵まれた充実した学校生活を送りました。卒業後、別の先生に教えてもらったところによると、森先生は、祐樹くんの2年生への進級が決まったあとのクラス替えの会議で「卒業まで、彼を担任として受けもちたい」と強く希望したそうです。

がんの転移がわかったとき、祐樹くんは「悪いことばかりしている人も世の中にはいるのに、どうしてなにもしていない自分がこんな目に遭わなくちゃいけないんだ」と思ったこともあったと言います。

絶望のなかで、暗く、黒い感情に囚われ、引きずられてしまう。これは人間にとして正直な気持ちではないでしょうか。でも、そんななかで、森先生は祐樹くんの応援団となり、気持ちに寄り添うように、目標をもたせてくれました。

もちろんそれは、祐樹くんを励まし見守ってきた家族、友だち、担当医の先生も同じです。同じように病気と闘う人たちや、夢の実現にかかわったたくさんの人たち、「祐樹くんが自分で夢をかなえたんだよ」と語りかけたボランティアの井上さん……。そうした「みんな」が、祐樹くんを応援していたのです。

「みんな」という言葉は、不確かで、ある意味、怖い言葉です。暗い感情のなかにいるとき、「みんなが、私を拒否している」「みんな、私のことなんてどうでもいいんだ」などと思ってしまうことがあるからです。

でも、その不確かな「みんな」という言葉を信じることができたら、「みんなが応援してくれている」と信じることができたら、人生はもっと豊かになる。私はそう思うのです。

そして、メイク・ア・ウィッシュというのは、そうした「みんな」による活動、「みんな」の力を信じることから始まっているものだと思っています。

「夢の実現が、ぼくの人生を変えました」

祐樹くんのこの言葉に、私はあらためて「みんな」の力を感じました。

人の命を支え、人の役に立ちたいと医療の世界に飛び込み、さらに自分が夢をかなえたときの感動を子どもたちにつなぎたい。そんな祐樹くんの気持ちが、次の子どもたちの夢を支え、誰かの生き方を変えてゆく——。

ちなみに、祐樹くんにいまの夢をたずねると、こう話してくれました。

「井上さんと一緒に、メイク・ア・ウィッシュで子どもの夢を実現したい。井上さんと『いつかこの夢をかなえたいね』って、そう話しているんです」

夢を見る、たくさんの人たちの笑顔に彩られた、すばらしいリレー。きょうも世界のどこかで。そう、きっとこの瞬間も。「みんな」の力に支えられながら、キラキラとした時間のなか、子どもたちの大きな可能性がはじけるように夢がかなえられています。

対面のあと、すっかり打ち解けたふたり。人と人の出会い、つながりが、メイク・ア・ウィッシュの活動を広げています。

エピローグ

# 夢から始まる

メイク・ア・ウィッシュという活動を通して、私はたくさんの忘れられない笑顔に巡りあいました。そして、忘れられない言葉にも。

「こんなすごいことができたんだもの。これでもう、なんだってできるような感じ」

迷うときや立ち止まるとき、私はこの言葉を反芻します。「憧れのJリーガーに会いたい」という夢をかなえた、川野陽子《かわのようこ》ちゃんの言葉です。

なんだってできるような感じ……この一言を唱えると、そのたびに次へと踏み出す勇気が湧いてきます。「夢の実現はゴールではなく、新しい夢へのスタートライン」というメイク・ア・ウィッシュが伝えたいメッセージを、陽子ちゃんはさらにふくらませ、いきいきとした言葉にしてくれたのです。

陽子ちゃんとの出会いは、1996年。事務局に届いた一通の手紙が始まりでした。便箋には、丁寧できれいな文字がびっしり。それは、陽子ちゃん本人からの直筆の手紙でした。

「私の病気はウェルドニッヒ・ホフマン病という筋肉が衰えていく進行性の難病です。……オリンピックの試合を見て、やれば何でもできることを教えてくれたサッカー選手に、会えるときに会っておきたいのです。いまならそれができる」

それから間もなく大分の療養所にいる彼女を訪ねることにしましたが、生まれてはじめて療養所に足を踏み入れる私の気持ちは複雑でした。

その療養所は、治療よりもリハビリテーションを目的として、子どもから大人まで多くの人たちが家族と離れて長期的に生活している施設。多感な年頃の陽子ちゃんは、どんな思いで日々を過ごしているのだろうかと私は想像しました。小学校入学と同時にこの療養所に入り、17歳まで過ごしてきた陽子ちゃんには「病気が治るようにがんばろうね」などという言葉は、きっと通用しない。「会えるときに会っておきたい」という手紙の言葉が、私の心に重くのしかかっていたのです。

しかし、私を出迎えたのは、そんな想像を軽く吹き飛ばしてしまうほどに明るい表情と、「こんにちはー!」という威勢のいいあいさつでした。

「まさか手紙を送ってすぐに、東京からこんな遠い場所まできてくれるなんて、思いもしませんでした……ありがとうございます！」

そこにいたのは、よくしゃべり、よく笑う、17歳の少女。電動車椅子であらわれた陽子ちゃんは、まるで昔からの知り合いのように話をしてくれました。

会話のキャッチボールが上手で、陽子ちゃんから飛び出す言葉に私はすっかり笑いのツボを刺激されっぱなし。聞けば、親友の愛ちゃんとコンビを組んで漫才をやっているという陽子ちゃん。「みんなを明るい気持ちにするのが私の使命！」と言い切るだけあり、一緒におしゃべりをしているだけでその場の空気はぱっと華やぎました。

漫才のコンビ名は、愛ちゃんのラブと、陽子ちゃんのサンから取って『らぶ あんど さん』。陽子ちゃんはまさに、太陽の明るさをもった女の子だったのです。

それから数か月後、そんな陽子ちゃんの真摯な気持ちを受け入れてくれたJリーガーの方の好意により、夢がかなうことになりました。

はじめての遠出、はじめての飛行機。そうしてついに憧れのJリーガーと対面した陽子ちゃんは、あのときのジョークはどこにいったの⁉と心配になるくらい、ただただうつむき恥じらう、恋する女の子そのもの。頬も、ずっと赤く染まったままです。

待望の面会のあと、陽子ちゃんと私たちはグラウンドに出ました。アトランタオリンピックでは強豪国ブラジルに対して果敢に挑み、勝利を勝ち取った日本代表チーム。その一員だった彼の精悍さを目の当たりにしたとき、陽子ちゃんは病気と闘う自分自身と重なり合って見えたそうです。このときも、ボールを追いかけては地面に身体を打ちつける選手の激しい練習を、真剣な眼差しで何時間も見つめ続けていました。

## 挑戦

夢をかなえたあとしばらくして、陽子ちゃんは高校卒業の記念に、小さな文集を手づくりしました。タイトルは、『しあわせのたまねぎ』。

このタイトルをはじめて見たとき、私は「こんなに明るい陽子ちゃんも人知れず涙を流すことがあるんだな」と勝手に思い込んでしまいました。ところが、予想は大はずれ。陽子ちゃんのお父さんが、私に題名の本当の由来を教えてくれたのです。

「陽子は本当に幸せで、どこをむいても幸せで、涙が出るほど幸せだというので、このタイトルにしたそうなんです」

お父さんの言うとおり、文集を開くと、喜びがいっぱいの陽子ちゃんの生活が綴られていました。にぎやかな家族喧嘩のこと、学校の友だちのこと、自分の障がいのこと……軽快なリズムで書かれた文章には、随所に笑いが織りまぜられながら、しっかりと日常を見つめ、ひとつひとつのことを考えてきた陽子ちゃん独特の視点がありました。

健常者や障がい者という言葉に対して、どちらが幸せでどちらが不幸せなどと、簡単に決められるべきものではない。その証拠に、私が一生つきあっていくこの病気に私は今まで何度も感謝したことがあったから。

「オイシイことをありがとう」と。

私の病気も捨てたもんじゃない。

（川野陽子・著『しあわせのたまねぎ』より）

私は陽子ちゃんと会うまで、身体が不自由なことは不幸なことだと、心のどこかで思っていたのかもしれません。違う、違うんだと思いながらも、たぶんそんな考えがあった……。でも、漫才をする陽子ちゃんの姿を見たり、エッセイを読んで、まったくわかっていなかったことに気づきました。そして、偏見をもっていた自分自身がとても恥ずかしくなったのです。

陽子ちゃんの書いた『しあわせのたまねぎ』を、いろんな人に読んでほしい。そう思った私は、付き合いのあった編集者に文集を渡し、出版の売り込みをしました。編集者の方からは「陽子ちゃんのファンになった！」と返事が。書き下ろしの文章を加えて、『しあわせのたまねぎ』は出版されることとなったのです。

「なんだってできるような感じ」。夢がかなったときの陽子ちゃんの言葉は、それからもどんどん現実のものとなっていきました。本の出版後、高校を卒業したあとは療養所を出て自宅での生活をスタート。さらに大学受験にチャレンジし、短大に合格。キャンパスライフの合間には、招かれた学園祭や講演会で漫才を披露しながら、無事に卒業。そして、その後はハンディキャップをもつ人ともたない人がともに働く職場で元気に働きはじめたのです。

そんなとき、陽子ちゃんが小学校で講演会を開くことになった、という知らせが届きました。最初に会ったときは17歳の少女だった陽子ちゃんも、27歳の立派な大人。大人になった陽子ちゃんは子どもたちに向かって、どんなことを伝えるのだろう？　私はあのころの笑顔を思い返しながら、陽子ちゃんの住む大分県をめざしました。

## 再会

大分空港から車で1時間30分ほど先にある、大分県中津市三光臼木。福岡県との県境に近い自然の豊かな山間に、陽子ちゃんの自宅はあります。車を停め、澄みきった空気のなかに出たとき、真っ先に目に入ってきたのは、家のガラス戸の向こうで車椅子に座り微笑んでいる陽子ちゃんでした。

「久しぶりですー！　大野さん、元気でした？」

ジーンズにセーター、その上からノーカラーのジャケットを羽織った姿は、27歳になったばかりのお姉さんらしい雰囲気。きれいにお化粧も済ませて、講演会の準備もバッチリです。お母さんもお変わりのない様子で、お父さんもまた、のんびりとやさしい風貌はそのままです。お父さんを「よっちん」、お母さんを「ミヨちゃん」いう陽子ちゃんの呼び方も、17歳のときのままでした。

暖かいリビングで、陽子ちゃんが見せてくれたものは、小学生からの感想文でした。

「この前行った小学校で講演をしたあと、みんなが書いてくれたんですよ」

一枚一枚めくると、そこにはいろんな感想が書かれていました。「楽しかったです」「お友だちになってください」「また会いたいです」……。これから聞く講演会がもっと楽しみになってきたよ、と言うと、陽子ちゃんは「プレッシャーかけないで」と照れ笑いを浮かべました。

「でも、子どもに話すことって、うれしいんですよ。子どもって、大人だと気を使って言わないようなことも率直に言ってくれるでしょう？　それが、うれしい。たまに『私、何歳に見える？』と聞いたら、実年齢以上の答えが返ってきて『えー!?』ってなることもあるけど。もう、素直すぎるよ」

この言葉に、私も、お父さんもお母さんも大笑い。ああ、陽子ちゃんらしい会話だなあと、私は昔のことを懐かしく思いました。

## 輝き

小学校の体育館に集まった子どもたちは、床にぺたんと座って、陽子ちゃんの登場をじっと見つめていました。

電動車椅子で前に出て、陽子ちゃんは「こんにちは！」と子どもたちにあいさつします。子どもたちは声を張り上げるようにして、あいさつを返しました。

「みんな礼儀いいね、元気いっぱい！　まずは、私の自己紹介をしますね。私は、川野陽子です。今日は、みんなと楽しく、友だちになれたらいいなあと思って、やってきました。えっと……名前はなんだっけ？　覚えている？」

「かわのようこ！」

「そうそう！　よく覚えておいてね」

子どもたちは、始まって早々から陽子ちゃんの会話のペースに乗っているようです。

陽子ちゃんは語り始めました。話は、短大時代のことでした。

学校生活を送るのに、車椅子ではちっちゃい段差や階段を自分ではのぼれないし、教科書を開くことや鉛筆を自分では持つこともできません。だから、そんなときには友だちがいつも手伝ってくれていた、と話します。

「でもね、友だちたちは身の回りの困ってることだけしてくれたんじゃないんです。『あー、もう学校きついな、もう学校行けないかもしれないな』と思っていたときにも、いつも助けてくれていた。たった一言で、いつも元気をもらっていました。その一言は特別な言葉でもなくて、みんなが普段使っているように『おはよう』とか『こんにちは』とか、そういう一言でした。

そのとき、『おはよう』っていう言葉は人を元気にさせる力をもっていたり、友だちをいっぱい増やせる力をもってる大切な一言だとはじめて気づいたんです」

そして、陽子ちゃんは突然、「いまから、ゲームをしたいと思います」と言いました。

じゃんけんゲームと、学年別や血液型別、好きな食べ物別にそれぞれ分かれる仲間探しゲームの開始です。話を聞くばかりだと思っていた子どもたちは、大はしゃぎして、体育館を走り回り始めました。

ゲームで楽しみ、上機嫌の子どもたちに、陽子ちゃんはもう一度、語りかけます。

「じゃんけんでみんながひとつにつながって、仲間を探すゲームではみんな一生懸命仲間を探したよね？　こうやって、普段は友だちじゃない人とも、楽しい友だちづくりができるんだよ。

みんなが住んでいる町には、おじいちゃんやおばあちゃん、お父さんやお母さん、ちっちゃい子どもやちっちゃい赤ちゃん、障がいをもった人や車椅子に乗っている人、本当にいろんな人がいると思います。でも、そんなことは関係なく、年が違っても、男の子でも女の子でも、障がいがあってもなくても、今日みんなと遊んだゲームのように、一緒に楽しんで友だちになることができます。

これから、いろんな人に出会うことがあると思うけれど、そのとき何もできなくてもいい、ただ、今日のみんなが私にしてくれた『こんにちは』っていう元気なあいさつをしてみてください。だって、今日のみんなのあいさつは、すごく私に元気を与えてくれたからね」

このとき、私は陽子ちゃんが輝いて見えました。17歳のころより、もっともっと明るくキラキラと……。そして、きっとここにいる子どもたちも「こんな人になりたい！」と思っているんじゃないかな、と私は思ったのです。そんなオーラが、27歳の陽子ちゃんからあふれていました。

## 希望の種

「自分は病院のなかで、これからもずっと生活していって、そこでうまくやっていくのかなって思っていたんです。それが結構貪欲で、もっといろいろやれるんじゃない？って思うようになった。あの夢をかなえたあとからは」

講演の前に、陽子ちゃんは私にそう話してくれました。

「高校を卒業したら自分はなにをしていくのかなって、ずっと不安だったんです。そんなときにメイク・ア・ウィッシュに出会って、自分の書いたエッセイも本になって、だんだんと『自分にもできることがあるんだ』というのがわかってきた」

『しあわせのたまねぎ』を出版したとき、私は陽子ちゃんに「サインをちょうだい」とお願いしたことがありました。すると陽子ちゃんは、握ったペンの先に力を集中させて、一文字一文字をゆっくり完成させていきました。私はそのとき、自分の認識のずれをはじめて飲み込みました。最初にもらった手紙やそれから届いた便りも直筆だったから、私はてっきりすらすら書くのだと思いこんでいたのです。いつもきれいな文字を書く陽子ちゃん。でも、まっすぐに線を引き、ハネをつけるというその作業は、時間を要する大変なものだったのです。

人の助けが必要だし、時間もかかるかもしれない。だからといって、未来を見つめることをやめない陽子ちゃんに、学ぶことはたくさんあります。

なんだってできる。そう教えてくれた憧れの選手と会えたことは、さらに陽子ちゃんの想いを跳躍させました。「こんなすごいことができたんだもの。これでもう、なんだってできるような感じ」。陽子ちゃんのなかに芽ばえたこの感情は、大仰な出来事ではなく、日々のささやかな発見に支えられて、実りとなり、今日という日に続いているのでしょう。

心に花を育てるように、「こんにちは」というさりげない言葉を、太陽の光に、たっぷりの水に、変えながら。

陽子ちゃんのチャレンジはいまも続いています。自宅を出て、ひとり暮らしを始めました。そして、ハンディキャップをもった人の自立支援コンサルタントとなり、そのかたわらで講演活動も精力的におこなっているのです。

陽子ちゃんは言います。

「メイク・ア・ウィッシュと出会ってわかったの。手を貸してくれる人も喜んでくれているんだって。私がやりたいことをやり、輝いて生きようとすることが、まわりのみんなにも喜んでもらえることだって」

輝いて生きる人の姿が、みんなの喜びにつながっていく――。それはなんて素敵なことだろう、と思うのです。

明日へ歩み出すこと。その道ゆきには、どんな人にも大なり小なりの石がころがっています。足下を挫かれるたび、どうしてつまずくのだろう?と私たちは考えます。時にはうまくいかないことに、苛立ったり、誰かを責めたり、孤独にさいなまれることもあるでしょう。自分はたったひとりなんだ……そう思うと、まるでドッヂボールのコートに取り残され、四方八方からの攻撃にさらされているような恐怖に身を縮め込んでしまうときもあるかもしれません。

でも、どうでしょうか。あらためてそのコートの外を、コートの外に広がる世界を眺めてみれば、取り囲む人たちのなかに差しのべる手が見えたり、応援してくれている声が耳に届く、そんなふとした瞬間があるかもしれない。

その「ふとした瞬間」に、人は変わることができるのではないでしょうか。コートを飛び出し、高らかに手をのばし、人々とハイタッチして喜びを分かちあうとき、その手のひらからやさしさやあたたかさが伝播する……それが、明日へと続く道のりを歩み出すきっかけになり、石を飛び越えるステップになる。私は、そう思っています。

最後に、米野《こめの》嘉朗《よしろう》くんという男の子がつくった詩を紹介したいと思います。

嘉朗くんのニックネームは、よっくん。よっくんは、10歳のときにメイク・ア・ウィッシュと出会いました。「ロケットに乗って、水星が見てみたい」「世界一周をしてみたい」「ガンダムを操縦して、宇宙に行きたい」……たくさんのワクワクする夢を、よっくんはもっていました。

でも、よっくんは夢をかなえる前に、天国へ旅立ってしまいました。

よっくんは、どんなに自分の体や心がつらくても、人を思う気持ちや信じる気持ち、一緒に生きていこうという気持ちを忘れませんでした。

よっくんが遺した詩には、その想いがいっぱい詰まっています。

ビーズとすず

ぼくは今ビーズにこっている
いろんな色のビーズをつないでいる
丸く丸く作っている
その中にすずを入れてみた

すずはぼく
まわりのビーズは
家族、友達…
先生、かんごふさん…
いつもぼくを守ってくれている
いつかぼくもビーズになる！

自分を守ってくれる誰かのように、自分も守れる人間になりたい――。小さな子どもがこんな詩を書くなんてと驚く人もいるでしょう。でも、よっくんはよく知っていたのです。自分を応援してくれる人、忘れないでいてくれる人、手をつないでいてくれる人、自分の夢を一緒に追っかけてくれる人。そういう人たちがいるということが、自分の人生をより豊かにし、がんばる気持ちを奮い起こさせ、立ち上がる勇気のもとになる。そのことを誰よりも、いちばん知っていた。だからよっくんは、「いつかぼくもビーズになる」と思ったのです。

「病気に負けるな」という言葉があります。しかし、病気は治ったら勝ちで、治らなかったら負けでしょうか。私は決してそうではないと思います。白か黒かではなく、状況がグレーでも、喜んだり、笑ったり、チャレンジしたり、感謝したり、手をつなぎ合ったり。

自分を輝かせて生きていくことはできます。

メイク・ア・ウィッシュは、そうして「輝く」ための、ほんの少しのお手伝いをする活動です。

——私は、すず。そして、私は、だれかのビーズにもなれる。

教えてくれたのは、たくさんの子どもたちでした。

# あとがき

　気がつけば22年という月日が流れていました。メイク・ア・ウィッシュの活動の現場に関わり、数えきれない多くの人たちとともに走り続けた日々でした。その原動力となったキーワードは、「夢・笑顔・喜び」であり、一言でいうと、この活動の素晴らしさです。はじめは「難病と闘う子ども」という限られた世界に向けての発信だと思っていたのが、大人も子どもも病気も健康も関係なく、すべての人に関わる、「生きる力」という言葉へ直結する深い活動だということに気づくようになりました。

　２０１１年の震災後、石巻で被災した家のお掃除をしました。「とにかくこの部屋だけでも」というご家族の言葉を受けて、一部屋とそこから見えるお庭を片付け、磨きました。部屋に戻られた奥様が、「ここだけは昔のまま……」と庭を見つめて、静かに涙をこぼされました。あとの家の中はグチャグチャです。床下はヘドロだらけ、畳は使いようもない、家具も家電も壊れ、何をどうしていいかわからない状態です。でも一部屋だけでも明るい場所があると、そこから力を得ることができる。つらい現実に向かっていくことができる。

「夢の力」もそうだと思いました。幸せな姿を思い描くことさえできない深い悲しみ、恐れ、行き詰まりの中でも、ほんの小さな「夢の種」があれば、そこから這い上がっていくことができる。真っ暗闇のなかでも、小さく光る「やりたいこと・好きなこと・大事にしていること」を思うとき、心は少しずつ前に向かっていく。おそらくそれは、子どもの病気のみならず、不条理としか思えないような、どうしようもない出来事と格闘していかなければならない多くの人の人生にも当てはまることでしょう。夢があるから頑張れる、夢があるから倒れてもまた立ち上がることができる。

もう一つの力は、ともに生きる人がいる、ということです。困難に出会うとき、「なぜ私だけがこんなつらい目に遭うのか?」という思いが心に重くのしかかり、悲しみに拍車をかけます。でもそのとき、応援してくれる人がいることに気づくと、心は徐々に方向転換をし始める。私には、苦しいときも、不安なときも、手をつなぎ、肩を抱き、心を重ねてくれる人がいることを思えば、体中の細胞に静かな力がいきわたっていく。

この活動は不思議です。たくさんの、会ったこともない、これから会うこともないであろう人たちまでもが、ひとりの子どもの夢を、人生を応援していくのですから。その子の笑顔を待ち望み、その笑顔から、こちらもまた大きな喜びをもらっていく。そうやって、人と人が見えない糸でつながり、「喜び」という言葉を共有していく。もしかしたら、その中には他人のことは関係がないと思いこんでいた人もいるかもしれない。でもこの活動に出会うなかで、知らない子どもでもその子の夢がかなうといいな、と願っている自分がいることに気づく。温かで柔らかい気持ちがある自分を発見し、とんがっていた心がまぁるくなるのを感じるかもしれない……。こうして、ひとりの子どもの夢の実現がまわりをも変えていく大きなムーブメントの始まりとなっていくのです。活動を始めたばかりの頃、「たったひとりの子どもの夢をかなえたって」とよく言われました。でも、そうじゃない。ひとりから、時間も空間も超えて無限につながる喜びの世界が、確かにある。気がつけば、いつも子どもたちが先に立ち、扉を開けて、次に続く子どもたちへの道を作ってくれていました。

この本は、前著『メイク・ア・ウィッシュの大野さん』『主人公はいつも君』を核として新たなストーリーを書き加えたものです。一人でも多くの方に子どもたちからのメッセージを伝えたい、子どもたちの応援団になってほしいと願う気持ちは年々増すばかりです。2016年2月末に定年退職した後も続けている講演は、いうなればＬＩＶＥです。湧き上がる感情を整理し、自分の言葉として次の人に伝えてもらうためにも本の力は大きいし、ＬＩＶＥだけでは広がりに限界があることでしょう。前回同様、講演という、話し言葉の気楽さの中から真意をくみ取り、ドラマティックに文章化してくださった岡田芳枝さんの力なくしては、この本は誕生しえませんでした。

最後まで一緒に走ってくださった編集者・稲子美砂さん、ウィッシュチャイルドとそのファミリー、ボランティアさん、子どもたちの夢をかなえるために協力してくださった方々、活動を心に留めてくださった方々、そして、この本を手に取ってくださったすべての方に御礼申し上げます。ありがとうございました。

大野寿子

本書は『メイク・ア・ウィッシュの大野さん』（２００６年２月刊）に、子どもたちの新しいストーリーを加えた新装増補版です。

この本の著者印税はすべて、メイク・ア・ウィッシュの活動資金として、難病の子どもたちの夢をかなえるために使われます。

大野寿子（おおの・ひさこ）

1951年、香川県生まれ。上智大学卒業。87年、商社マンの妻として渡米するも、91年に離婚して、4人の子どもを連れて帰国。94年に再婚。同年、メイク・ア・ウィッシュの活動に出会い、参加。のちに事務局長に。定年退職後、理事を経て、現在も広報・講演活動を続けている。

構成・執筆　岡田芳枝

●メイク・ア・ウィッシュに関するお問い合わせ先
公益財団法人メイク・ア・ウィッシュ オブ ジャパン　東京本部
〒102-0074　東京都千代田区九段南3-2-4 アシスト麹町ビル 4F
TEL：03-3221-8388　FAX：03-3221-8380　E-mail：info@mawj.org

メイク・ア・ウィッシュ
夢の実現が人生を変えた

2017年9月22日　初版発行
2024年8月20日　5版発行

著者／大野寿子《おおのひさこ》

発行者／山下直久

発行／株式会社 KADOKAWA
〒102-8177　東京都千代田区富士見2-13-3
電話 0570-002-301（ナビダイヤル）

印刷・製本／TOPPANクロレ株式会社



●お問い合わせ
https://www.kadokawa.co.jp/（「お問い合わせ」へお進みください）
※内容によっては、お答えできない場合があります。
※サポートは日本国内のみとさせていただきます。
※ Japanese text only

定価はカバーに表示してあります。


ISBN 978-4-04-069068-1　C0095

角川つばさ文庫
主人公はいつも君
メイク・ア・ウィッシュで夢をかなえた子どもたち
大野寿子・著
金 斗鉉・絵